奇妙的数学在这里

小学一年级 上册

总 主 编 唐彩斌

本册主编 朱 蕾 丁 丽

電子工業出版社
Publishing House of Electronics Industry
北京·BEIJING

总　主　编　唐彩斌
本册主编　朱　蕾　丁　丽
特级教师编委　于　蓉　杨　勇
本册编写人员　陈　晓　王　菁　徐飞燕　韦李娜　刘　鑫
沈鹏鹏　李　果　胡卿燕　赵　怡　徐　红
尉筱婷　朱元华　盛亦楠　翁夏初　沈　岚
龚洵奕　徐　卫　王正辉　罗　靓　刘述蓉
常红英　周　丹　杨　洁　马新丰　毛莲君

图书在版编目（CIP）数据

奇妙的数学在这里. 小学一年级. 上册 / 唐彩斌总主编；朱蕾，丁丽主编. —北京：电子工业出版社，2020.8

ISBN 978-7-121-39426-3

Ⅰ. ①奇…　Ⅱ. ①唐…　②朱…　③丁…　Ⅲ. ①小学数学课－教学参考资料　Ⅳ. ①G624.503

中国版本图书馆 CIP 数据核字（2020）第 154951 号

责任编辑：孙清先
印　　刷：北京东方宝隆印刷有限公司
装　　订：北京东方宝隆印刷有限公司
出版发行：电子工业出版社
北京市海淀区万寿路 173 信箱　　邮编：100036
开　　本：787×1 092　1/16　印张：10　字数：160 千字
版　　次：2020 年 8 月第 1 版
印　　次：2020 年 8 月第 1 次印刷
定　　价：49.80 元

凡所购买电子工业出版社图书有缺损问题，请向购买书店调换。若书店售缺，请与本社发行部联系，联系及邮购电话：（010）88254888，88258888。

质量投诉请发邮件至 zlts@phei.com.cn，盗版侵权举报请发邮件至 dbqq@phei.com.cn。

本书咨询联系方式：（010）88254509，765423922@qq.com。

前言

亲爱的小读者：

你们好！数学需要动笔做，同时，也需要用眼读，但数学更需要用心慢慢悟。《数学在哪里》的姐妹篇《奇妙的数学在这里》终于和小读者见面了，希望它能成为你数学阅读的美好选择。

本书中，有你熟悉的主人公——淘气的大虎、智慧的小阳、乖乖的小芳、聪明的小慧，当然还有漂亮的美美老师和深受同学们喜爱的阿帅老师。在他们的陪伴下，你能穿越数学的海洋，越过思维的山丘，完成奇妙的数学之旅。

本书每个单元的知识都源自教材，它们或是一节新课，或是一节练习课，或是一道星号挑战题，等等。本书的内容都源自老师们精心设计的公开课，它汇聚了名师的智慧，也有学生对同一问题不同的思考过程。

数学学习是有线索的，但线索不一定是唯一的。课本中的每个知识点在本书中都有不同老师的教学指导线索，这样做的目的是丰富小读者对数学的理解，让小读者对数学的理解更加深厚、更加宽阔。本书的主人公在课堂上有的回答有点儿离奇，有的回答让你忍俊不禁，有的回答让你拍案叫好，有的回答可能让你恍然大悟，哇！数学原来还可以这样学。

为了让小读者在阅读的过程中不成为知识的接收器，而成为数学知识的共享者和学习的参与者，在本书中，编写组设计了一些小栏目，比如，善思好问、点睛之笔、评评有理、文化链接等，就是希望你们在阅读的时候可以停下来，试着想一想，悟一悟，多问几个为什么，这样做收获的感悟会比知道问题的答案更有价值。

本书的作者来自祖国各地，他们很多是特级教师和名校名优教师，他们把教学的经验融入文字里，希望小读者能感受到他们精湛的教学水平，感受到他们用知识的力量育人的使命。

让每一位小读者在阅读数学的过程中体会到成长的欢乐和喜悦，是我们的愿望。

主编大朋友：唐彩斌

目录

1

认识0～9数字 1

2

认识10以内的数 21

3

认识10 28

4

认识0 34

5

认识立体图形 39

1
认识 0 ~ 9 数字

初识数字宝宝

今天是开学的第一天。课间，同学们都忙着认识自己的同桌。

“你好！我是小慧，请问你叫什么名字？”一个大眼睛的小姑娘对她的同桌说。

“你好！我叫小芳。”小芳微笑着回答。

小慧说：“我们一起来玩拍手游戏吧！”

“我很喜欢玩这个游戏！”小芳开心地回答。

小慧和小芳一边唱儿歌一边玩了起来。她们欢快的笑声吸引了坐在后排的大虎和小阳，大虎说：“你们好！我是大虎，我身旁的这位是小阳。你们的游戏可真好玩，我还听到你们唱了一首儿歌，能教教我们吗？”

小慧说：“好啊，好啊，我来教你们唱数字儿歌吧。”

大虎和小阳跟着小慧唱起了儿歌。

小阳说：“我想到了一个关于数字的笑话呢！”

“快讲给我们听一听！”同学们异口同声地喊了起来。

小阳忍住了笑，说：“一天，数字宝宝们在街上相遇了，0 看了 8 一眼说，‘胖就胖呗，还系什么腰带呀！’7 对 2 说，‘你可别跪着了！’9 对 6 说，‘你走路就走路呗，还玩什么倒立呀！’”同学们听了，哈哈大笑起来。

“叮铃铃……”上课铃声打断了同学们的笑声，同学们都端端

正正地坐好，一位高大帅气的老师走了进来，说：“同学们好！我是阿帅老师，今天这节数学课，我们认识数字 0 ～ 9。关于这几个数字，你们知道些什么呢？”

小芳说：“我知道这些数字的长相。”说着，她把刚才小慧教她的儿歌给同学们唱了一遍。唱完后同学们给她热烈地鼓掌。

小阳说：“我知道它们都叫阿拉伯数字！”

阿帅老师说：“没错，它们都是阿拉伯数字，但它们是印度人发明的。”

> **善思好问**
>
> 不会吧？阿拉伯数字，应该是阿拉伯人发明的啊？

“啊？阿拉伯数字不是阿拉伯人发明的

吗？”同学们都发出了惊讶的声音。

阿帅老师接着说：“在1500多年前，印度人已经用一种特殊的符号来表示数目了，这些字有10个，它们只要用一笔或两笔就能写成，其中0这个数字出现得晚一些。”阿帅老师边说边在黑板上写下了1、2、3、4、5、6、7、8、9、0这十个数字。紧接着他说：“后来，各国之间相互交流，这些数字传入了阿拉伯。阿拉伯人觉得它们简单又实用，于是就在自己的国家开始广泛地使用并且把它们传到了欧洲。就这样，这些数字慢慢地演变成了我们现在使用的数字。因为阿拉伯人在传播这些数字方面起了很大的作用，人们也就习惯地称这些数字为阿拉伯数字了。”

小阳说：“老师，我有一个问题，在没有阿拉伯数字之前，人们是用什么来计数的呢？”

阿帅老师冲小阳竖起大拇指，说：“真是一个爱思考的孩子，这个问题问得非常好，请同学们看大屏幕。”

阿帅老师在大屏幕上展示了一组图片，然后说：“在远古时代，并没有用符号或数字表示具体的数，人们主要用结绳或刻痕的方法来计数。后来，不同的地域才出现了各自的计数方式。”阿帅老师接着又展示了一幅图片。

巴比伦数字：	𒁹	𒈫	𒐈	𒐉	𒐊	𒐋	𒑂	𒑄	𒑆
中国数字：	𝍠	𝍡	𝍢	𝍣	𝍤	𝍥	𝍦	𝍧	𝍨
罗马数字：	Ⅰ	Ⅱ	Ⅲ	Ⅳ	Ⅴ	Ⅵ	Ⅶ	Ⅷ	Ⅸ

阿帅老师接着说：“那时，不管是哪个地域，虽然使用的数字符号不同，但是它们都是按 1、2、3、4、…、9 这样的顺序计数的。”

“那么当时 0 是怎么表示的呢？”小阳迫不及待地问。

阿帅老师神秘地笑了笑说：“你有一个很棒的发现，在这些数字符号中确实没有 0。因为数字 0 是由十进制计数法中代表空白位置的符号产生的。”

大虎感叹道：“原来简单的 0~9，还有这么多的知识呀！”

阿帅老师说：“刚才同学们听得很认真，而且很会思考，我奖励你们玩个游戏！”

同学们听到要玩游戏，可开心了，都竖起耳朵认真听阿帅老师讲游戏规则。阿帅老师说：“每位同学都会拿到 0~9 的数字卡片，大屏幕上会出现个数不同的物品，看到有几个物品，大家就举起对应的那张数字卡片。”

阿帅老师快速地在大屏幕上展示了几张图片。

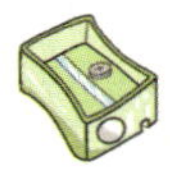

同学们迅速地从卡片中选出了对应的数字，分别是 5、1、4。

阿帅老师接着说：“你们的答案都是正确的，接下来我们玩一个升级的游戏。大屏幕上会出现不同的物品，它们的数量都可以用同一个数字来表示，请你们举起对应的数字卡片哦！”阿帅老师随后又给同学们展示了几张图片。

这时，同学们的动作没有刚才那样迅速了，有几位同学手里拿着几张数字卡片犹豫不决。阿帅老师问：“你们是不是遇到什么问题了？”

小芳说：“有几颗葡萄？我数不清楚。”

小慧举起了数字卡片“3”，她说：“这些都可以用数字 3 来表示，3 架飞机、3 辆汽车、3 串葡萄。很多颗葡萄合在一起是 1 串，这里有 3 串葡萄，所以它们可以用 3 来表示。”

小芳恍然大悟。

游戏越玩越顺利，大家越玩越开心。不知不觉，一节超有趣的数学课在欢声笑语中结束了。

点睛之笔

为什么不同的物品都可以用数字 3 表示呢？不管什么样的物品，只要它的份数是 3，都可以用数字 3 表示。

从古人计数说起

“叮铃铃……”上课铃响了，同学们有序地走进教室。

阿帅老师说：“同学们，今天我们要讨论的是一个非常有趣的话题——古人如何计数。”

大虎说：“古人如何计数？计数是什么意思？”

阿帅老师：“计数就是统计物品的数目。比如，有人问你这个盒子里装了多少支粉笔，你会怎么办？”

小阳说：“数一数就知道了。”

阿帅老师说：“是的，数完之后就会得到一个数目，我们可以用一个数来表示，这个过程就叫计数。”

小芳说：“古人计数跟我们现在计数有什么不同吗？”

大虎说：“是啊，古人是怎么计数的呢？”

阿帅老师把3个苹果摆在桌子上问：“想一想，在远古时期，人们还没有发明数字，如果一个人想告诉别人这是3个苹果，古人会怎么办呢？”

“我想到了，用手势表示。”说着，小慧伸出3根手指。

阿帅老师说：“真聪明！古人还真是这样做的。正常人都有10根手指，用它们计数非常方便。表示3个苹果就伸3根手指，表示7个苹果就伸7根手指。”

小慧说：“如果苹果的数量超过10个，怎么办呢？”

阿帅老师说：“这个问题问得真好！数量超过10个，手指不够用了，怎么办呢？”

小阳说：“可以借用别人的手指。”

“嘿嘿，这不还有10根脚指吗？”大虎把鞋子一脱，露出了胖胖的小脚丫。

小芳赶紧捂住鼻子：“哎呀，大虎，快收起你的脚丫子。”

阿帅老师说：“哈哈，别说，还真有人是这样做的，但是，找别人借手指或者用自己的脚指也不是长久之计。如果数量越来越多，脚指也会不够用的，这时候该怎么办呢？于是，人们开始寻找用其他的物体来代替手指，比如，随处可见的石头或树枝。”

阿帅老师说：“有一位牧羊人养了很多只羊。每天早晨羊出去吃草，出去1只羊，牧羊人就在篮子里放1块石头。1只羊就用1块石头来表示，那2只羊呢？”

大虎说：“就用2块石头呗！”

善思好问

石头是石头，羊是羊，石头怎么可以用来表示羊呢？它们什么不同，什么又是相同的？

小慧说："有几只羊就用几块石头来表示就行了。"

"没错！"阿帅老师赞许地看着同学们，"1 只羊对应 1 块石头。傍晚，羊回来时，回来 1 只羊，就从篮子里取出 1 块石头，如果没有羊再回来了，但是这时石头还多 1 块，你们知道这意味着什么吗？"

小阳说："说明还有 1 只羊没回来。"

阿帅老师："是的，如果石头不多不少全部取出来了呢？"

小芳说："说明羊都回来了。"

大虎说："如果篮子里没有石头了，外面还有好多只羊，那该多好啊！"

阿帅老师说："一一对应的方法在当时解决了人们的大难题，这种方法到现在也有非常广泛的运用。比如，我每天上课前，不用数人数，只要用眼睛看一看，就知道同学们到齐了没有，你们知道这是为什么吗？"

小慧说："因为每个座位对应着一个人，座位和我们是一一对应的关系，如果每个座位上都有人，说明人都到齐了；如果出现了空位，就说明少了人。"

阿帅老师说："是这个道理。大家想一想，还有哪些地方我们也用到过一一对应的方法呢？"

小慧说："我记得在学习'比多少'的时候用到过。"

这时大屏幕上出现了一幅图。

小阳说："哇！像这样一一对应排列好，不用数就能知道谁多

谁少。”

阿帅老师说：“大家再看这张图，不用数，你们能判断出黑色方块和白色方块谁更多吗？”

小慧说：“白色方块比黑色方块多1个。你们看，前面几个白色方块的后面都跟了一个黑色方块，最后的白色方块后面没有黑色方块。”

一一对应是一种重要的数学思想，应用它能解决很多问题。

小芳说：“这个方法真是太好用了！”

阿帅老师说：“是的，一一对应的方法在数学学习中经常用到，以后你们会有更深的体会。”

阿帅老师说：“回归今天的主题，如果按照这样的方法来计数，100只羊该怎么计数呢？”

大虎说：“那就需要100块石头了！好多啊！”

阿帅老师说：“是啊，聪明的人总是会想到更简单的办法。果然，就有人想到了一个好办法。1只羊用1块小石头来表示，2只羊就用2块小石头表示，10只羊就用1块大石头表示。你们知道2块大石头表示多少只羊吗？”

小阳说：“1块大石头代表10只羊，2块就代表20只羊。”

小芳说：“是的，2个十就是20。”

阿帅老师又给大家展示了一幅图，问：“这是多少？”

小慧说：“3个十和7个一，37。”

阿帅老师说：“如果有9块大石头呢？”

大虎说："那就是 90 啦！如果再多一块大石头呢？"

小阳说："哎呀，那就是 10 个十了。"

小慧说："我知道，妈妈告诉过我，10 个十是 100。"

阿帅老师说："对！你们猜，牧羊人是怎样表示 100 的呢？"

小慧说："是不是用一块更大的石头？"

阿帅老师说："答对了！"

小芳说："那 10 个一百是多少呢？"

阿帅老师说："10 个一百是一千。"

小阳说："嘿嘿，牧羊人又得去找更大的石头了！"

阿帅老师说："后来，人们觉得石头太笨重，于是就换成用绳子计数——结绳计数。屏幕上的这两幅图，你们能看懂吗？"

大虎说："左边图中的绳子上打了好多个结，有大有小，是什么意思呀？"

小慧说："我看明白了，一个大绳结表示 1 个十，一个小绳结表示 1 个一。这里有 1 个大绳结，3 个小绳结，表示 13。”

阿帅老师说：“对，就是这样的。后来，有人开始用工具在石壁、兽骨、龟壳上刻痕计数，比如，一个猎人为了记录自己外出打猎的天数，他出门打猎几天就会在石壁、兽骨或龟壳上刻下相应数量的刻痕。”

小芳说：“哦，那条较粗的痕迹就表示 10 天啊！”

阿帅老师说：“石头计数、结绳计数和刻痕计数都是为了方便地解决生活中的问题。想一想，古人的三种计数方法有什么共同点？”

小慧说：“都是用一个更大的东西来表示 10。”

阿帅老师：“这样做有什么好处呢？”

小慧：“这样做的目的是不用一个一个地数，可以十个十个地数，还可以一百一百地数，甚至还能一千一千地数呢！”

阿帅老师说：“这样数更快，更方便！10 个一是十，10 个十是一百，10 个一百是一千。”

大虎说：“全都是 10 个 10 个的啊！”

阿帅老师说：“是的！有的数学史专家说这可能跟人们一开始用 10 根手指计数有关。后来，人们就发明了文字，开始用文字来计数了。看这张图，这些石头表示的数目古人会怎样用文字表示呢？”

小阳说：“23？”

阿帅老师说：“古人的表示方法还没这么先进，他们会写‘2 十 3 个’，你们看懂了吗？”

小慧说：“这与 2 块大石头和 3 块小石头表示的意思一样。‘十’

是大石头，‘个’是小石头。”

阿帅老师说：“小慧真是太聪明了！但是人们还在想一个问题，表示方法能不能更简单一些？”

小芳说：“所以后来就写成‘23’了？”

阿帅老师说：“是啊，但是，这样写有一个问题，2 表示什么，3 表示什么，不太清楚，所以后来就有了一个规定——从右边起，第一位是个位，表示几个一，第二位是十位，表示几个十，以此类推。”

小阳说：“那第三位就是百位，第四位就是千位啦！”

阿帅老师在黑板上写了个数“256”，问：“这个数怎么读呢？”

“二百五十六。”

阿帅老师说：“你们太厉害了！它表示什么意思呢？”

“2 个百，5 个十和 6 个一。”

魔法帽——认识“1”

“大虎，大虎，你看我的帽子帅气吗？这顶帽子是从一个有魔法的地方买回来的呢！”小阳骄傲地向大虎炫耀他的新帽子。

小芳说：“帽子就是用来保暖的，在哪里买的不都一样吗？”

小阳神秘地一笑，说：“我这个帽子可不一般，它可是一顶魔法帽。”

小慧说：“你就吹吧，它难道还能变出东西来？”

小阳眯着眼说：“那是当然。不过这顶帽子只能实现与 1 有关的愿望。咒语是‘一二三麦斯’。”

小芳迫不及待地说："我想要1朵花，一二三麦斯。"

"哗——"只见魔法帽里有1朵花慢慢地展开。

"竟然是真的！"

大虎着急地喊道："我想要1个苹果，一二三麦斯。"

"对不起，今日的愿望次数已用完。但是，如果你能正确回答我的问题，我就可以再实现你的一个与'1'有关的愿望哦。"魔法帽竟然说话了。

大虎焦急地说道："快说，快说嘛。"

"请回答，古人是怎么表示'1'的？"魔法帽问。

小芳说："这个我知道，阿帅老师讲过，可以用一块石头表示1。比如，猎人捕了一只羊，就用1块石头表示，捕了2只羊，就用2块石头表示。"

"对，还可以用在绳子上打结的方法表示。一个结表示1，两个结表示2。"大虎听课也很认真。

善思好问

古人为什么会这样计数呢？

"可是，绳子丢了，就不能计数了，还有没有其他的方法呢？"聪明的古人想到了在树木上刻痕计数的办法，一个刻痕代表一个物品。"小慧也想起来了，"对，对，当时还觉得这个过程有点儿像配对，一个物品对应一个标记。"

"回答正确！可以许愿。"

"我想要1个苹果，一二三……"大虎的话还没有说完，就被小阳打断了。"等等，我们这么多人吃1个苹果，肯定是不够的，不能浪费这个愿望。怎么将苹果的个数变多，还能用1来表示呢？"

小慧有了主意："不仅仅1个苹果可以用1表示，许多个苹果也能用 1 表示。”

“对，要 1 盘苹果？”大虎想到盘子里可以放几个苹果。

“要 1 篮苹果吧，同学们可以一起吃。”小芳想到了所有的同学。

“魔法帽，请给我们 1 篮苹果，一二三麦斯。”

只听“嘭”的一声，1 篮苹果出现了。

1 个　　1 盘　　1 篮

“苹果真好吃，好想要更多呀，那该怎么说呢？”小阳问。

“1 筐苹果、1 卡车苹果…… 哇！‘1’还可以表示这么多的苹果呀。”大虎好像找到了窍门。

“魔法帽，你真厉害，你能回答我一个问题吗？”小慧问。

“你要先认识‘1’，我才能回答你的问题。”魔法帽有礼貌地说，并问，“你在哪里见过‘1’？”

都是数字“1”，当单位发生改变时，它所表示的数量也改变了。

这太简单了，小伙伴们松了口气。

“跑道上有‘1’，表示第 1 个跑道。”

“小区的大楼上标着‘1’，表示第一栋楼。”

“哈哈哈。我们班门牌上就有 1，表示一年级（1）班”

“红绿灯倒计时的时候也会出现‘1’。”生活中的“1”太多了。

“回答正确，请你们提问！”魔法帽似乎很满意大家的回答。

“魔法帽，我们都知道1+1=2，这怎么出现1+1=11了？”小慧画出了图，她还想着苹果的事呢。

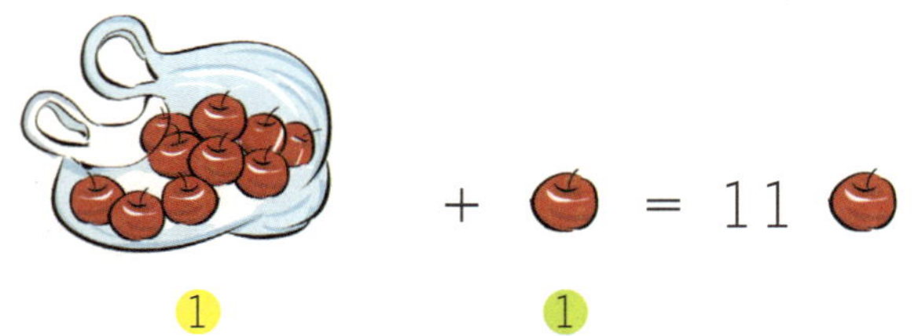

“这两个1表示的意思不一样，红色的1表示一个苹果，蓝色的1表示一袋苹果，袋子里有10个苹果，因此它表示的是1个十，这个式子实际上是10+1=11。”小阳将袋子里的苹果都画了出来，他是魔法帽的主人，当然要帮帮它了。

生活中的“1”很多。1个人、1个家庭、1个国家、1个星球……“1”可以很大很大；1个西瓜、1颗西瓜籽、1滴西瓜汁、1个水分子……“1”又可以很小很小。

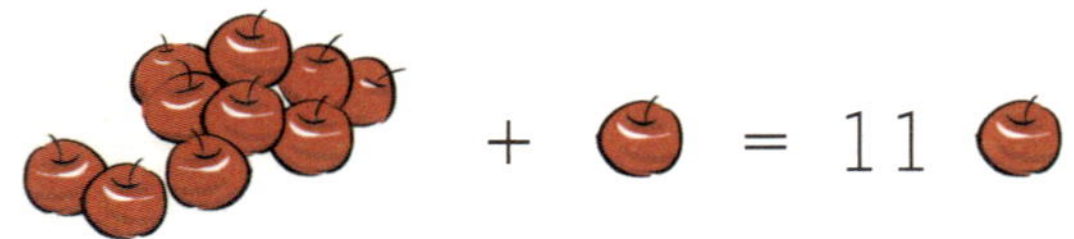

“回答正确，我们可以用‘1’表示许多个，‘1’在不同的位置表示的大小也不同。”魔法帽一抖，小伙伴们面前出现了一个放着11个苹果的篮子。“第一个‘1’表示10个苹果，第二个‘1’表示‘1’个苹果。”

“‘1’好厉害呀！”

“数的位置也很重要。”小阳提醒大家。

魔法帽说完话就安静下来了，就像一顶普通的帽子。

破解密码

午休时，大虎悄悄地把他的好朋友小阳、小慧、小芳都叫到一起，然后轻轻地从书包里拿出了一本非常精美的笔记本。“好漂亮的本子呀！”小芳忍不住夸赞起来。可是，大虎看上去并没有那么开心，原来这是一个带密码锁的笔记本，大虎忘记了它的密码。

小阳启发道：“人们一般都会用自己的生日做密码，这个密码锁的密码是不是你的生日啊？”

大虎说：“没错，就是我的生日，5 月 27 日，所以我记得当时设置的密码是 0527。”

小芳说：“那还有什么难的，拨出这些数字就好了呀！”说完她就去拿本子，准备拨密码。可是当她看到密码锁时惊呆了，这个密码锁上并没有数字，而是一些奇怪的符号。

〇　〩　〤　〧　〥　〡　〦　〨　〢　〣

大虎说：“这些符号都代表数字，可是我忘记它们分别代表几了。”

小慧看了看密码锁说：“这些符号很特别，但是〇、〡、〢、〣 这几个符号应该分别代表 0、1、2、3，其他的我就不确定了。”

善思好问

> 这些符号分别代表几呢？为什么？根据什么来判断？

其他小伙伴纷纷点头，觉得小慧说得对。那么，其他符号分别代表几呢？这时小阳说：“阿帅老师什么都懂，我们去请教他吧！”

阿帅老师看了一眼这些符号，说：“这个密码锁真是太不一般了，太有意思了！”同学们都对老师的话感到很好奇，缠着让他讲一讲这个密码锁怎么有意思了。阿帅老师说：“这些符号叫作苏州码子，在阿拉伯数字传入中国之前这些符号就已经在中国使用了，它们是从算筹演变而来的，最早出现在中国的苏州，所以取名苏州码子。现在香港、澳门的一些茶餐厅、中药铺中还在使用这些符号来表示数字。”

这些符号在中国的使用居然比阿拉伯数字还早，中国传统文化真是博大精深啊！那它们和阿拉伯数字之间到底有什么关系呢？

“它们与我们现在使用的阿拉伯数字是这样对应的……”阿帅老师说着在纸上开始画对应表。

苏州码子	〇	〡	〢	〣	〤	〥	〦	〧	〨	〩
阿拉伯数字	0	1	2	3	4	5	6	7	8	9

大虎参照阿帅老师提供的对应表，很快打开了密码锁。亲爱的同学们，你们能在下面的格子中画出打开大虎密码锁的密码吗？

2

认识 10 以内的数

和数字宝宝玩游戏

今天，阿帅老师拿着一叠数字卡片走进教室，他看同学们端正地坐在课桌前，默默地为他们有这么好的听讲习惯点赞，真可谓“好习惯，益终生”。

阿帅老师说：“今天的数学课我们就来和数字宝宝玩游戏吧！”同学们都很期待，不知道用几张普通的数字卡片能玩出什么花样。

阿帅老师说：“我们玩的第一个游戏是排队游戏。这里有 0 ～ 9 的 10 张数字卡片，我会打乱顺序，把它们发给 10 位同学……”

> **善思好问**
>
> 0 ～ 9 到底是 9 个数字还是 10 个数字？不是数到几就是几个吗，明明是数到 9，怎么会有 10 个数字呢？

大虎小声地嘀咕：“0 ～ 9 不是 9 个数字吗？怎么能发给 10 位同学？”他又掰着手指数了一遍：“0、1、2、3、4、5、6、7、8、9，还真是 10 个数字呢！”

阿帅老师公布规则了：“当我说‘从大到小排’或者‘从小到大排’时，拿着这些数字卡片的同学们就要到前面来，按照我说的顺序排好队。”

同学们跃跃欲试。阿帅老师边在教室中走，边把卡片发给 10 位同学，小芳就是其中之一，她拿到了 0，心里既高兴又有点儿紧张。

“认真听，我要说了，准备——”阿帅老师停了停，“从小到大排。”

10 位同学迅速跑到教室前面，按照从小到大的顺序排好了，1、2、3、4、5、6、7、8、9，只有小芳拿着数字 0 的卡片，不知道站在哪里才好，她心想：“平时我们数数，不都是从 1 开始数吗？ 0

应该在哪里呢？”

小慧在自己的座位上看着同桌小芳找不到自己的位置，可着急了，她不停地指着最前面的位置，朝小芳做手势。

小芳按小慧的手势不停地往前走，一直走到 1 的前面，小慧才停下来。小芳站定后阿帅老师鼓掌说：“同学们都排好队了，完全正确！小芳拿着 0 ，为什么要站在最前面呢？”这下小慧终于有机会大声说出自己的理由了，她高高地举起手来，阿帅老师请她回答问题。

小慧说：“0 表示什么都没有，当然比 1 还小，所以小芳要排在 1 的前面。”同学们听了小慧的话，都鼓掌表示赞同。

阿帅老师说：“游戏继续，现在请同学们从大到小排队！”小芳一听，马上跑到了队伍的最后，10 位同学立刻调整好了位置，同学们一看：9、8、7、6、5、4、3、2、1、0，完全正确。

“看来排队游戏对于同学们来说已经是‘小菜一碟’了，现在游戏升级，我们来玩找邻居的游戏。”阿帅老师边说边把数字卡片发给了另外的同学。

“什么叫邻居啊？”大虎张嘴就问，他迫切地想知道答案。

可是阿帅老师却默默地看着大虎说：“你的问题我可不回答。”大虎眼睛瞪得更大了，好像在说：“为什么呀？”

阿帅老师看着他惊讶的样子，忍不住笑出声来，说：“上课的时候有什么问题得举手问哦！随意插话可不受欢迎！”他马上请已经高高举起手的小阳回答问题。小阳说：“邻居嘛，就是住在你家旁边的人。”

大虎说：“老师，现在是上课时间，要我们回家去找邻居可不行！”

“哈哈哈……”教室里爆发出一阵笑声。

阿帅老师拍了三下手，说：“1、2、3，静下来，大虎你又不举手了。唉！我的意思是我们用数字卡片来玩找邻居的游戏，不是真的让你回家去找你家的邻居。”

大虎摸了摸自己的头，也笑了起来。

阿帅老师接着说：“一个数的邻居，就叫作这个数的相邻数。我们从小到大在数数时，某个数前面和后面的数，就叫这个数的相邻数。我们来玩几次游戏，你就明白了！”

“请6的相邻数起立！”阿帅老师的话音刚落，拿到数字卡片5和7的同学站了起来。

阿帅老师请拿到数字卡片5、6、7的三位同学站到教室的前面，请同学们判断，6的两位“邻居”找对了没有？

这次大虎高高地举起了自己的小手，阿帅老师马上注意到他了，于是请他回答问题。大虎说：“他们答对了，因为从小到大排数，6的前面是5，6的后面是7，所以6的相邻数是5和7。”阿帅老师冲大虎竖起了大拇指，同学们也都为大虎鼓掌。

“游戏继续。”阿帅老师说，“现在请0的相邻数起立。”

教室中只有拿到数字卡片1的小阳站了起来，阿帅老师问：“怎么只有一个人站起来了？6的相邻数有2个，怎么0只有1个相邻数？”

小阳说：“没有其他的相邻数了，因为在0～9中，0是最小的一个数，它前面没有其他的数，只有排在0后面的1是0的相邻数。”

听了小阳的话，同学们纷纷点头，大虎说：“小阳，你可真厉害！”

阿帅老师说：“小阳说得没错，可是大虎，你又不举手！”

哈哈哈……好欢乐的数学课呀！

1 评评有理

大虎很机灵，但他没遵守课堂规则。在教室里，如果大家都不遵守规则，随便讲话，那就不能正常上课了。

寻找真正的礼物盒

一年级(1)班被评为了文明示范班，同学们可开心了。作为奖励，今天阿帅老师拿着一个超大的礼物盒来到教室。

同学们都尖叫起来，阿帅老师神秘地笑了笑说：“别误会，礼物没那么大，它只藏在其中的一个小盒子里。”阿帅老师打开盒盖，只见大大的礼物盒里放了 9 个相同的小礼物盒，有些礼物盒上还写着号码，就像右图所示的一样。

	3	
1		9

阿帅老师说：“礼物就藏在 6 号盒子里！”

大虎说：“老师，这里根本没有 6 号啊？”

阿帅老师接着说：“9 个盒子是按照 1 ~ 9 的顺序摆放的。就像走迷宫一样，你们需要从 1 出发，沿着 1 ~ 9 的顺序走过每一个盒子，从中选出 6 号盒子。你们只有一次选礼物的机会，如果选对了，

礼物就是你们的了，如果选错了，美味的巧克力就留着我自己吃了！”

善思好问

怎么找到 6 的位置呢？从哪里着手呢？思考这个问题的线索是什么呢？

同学们听说礼物是巧克力，眼睛都开始放光了！小阳说：“同学们都来填一填这个数字迷宫，谁填好后能走通，就请谁去选 6 号盒子！”说完，同学们拿起笔，在自己的笔记本上写起来。

小芳尝试了如右图所示的走法，她发现这种走法不能满足游戏规则。

	4	5
2	3	6
1		9

大虎想“既然小芳把 2 填在 1 的上方走不通，那么我就把 2 填在 1 的右边试一试吧，小芳的 4 填在 3 的上方走不通，那么我就把 4 填在 3 的左边试一试。”

4	3	
1	2	9

填到这里，大虎继续按顺序往下填。

“耶！走通啦！”大虎高兴得边跳边喊，“我找到了！”大伙儿拿着大虎画的“寻宝图”检查了起来，毕竟只有一次拿到礼物的机会。果然走通了，同学们推荐大虎去拿礼物。大虎按照自己画的图，找到 6 号礼物盒拿了出来，沉甸甸的感觉，没错啦，就是这个！

5	6	7
4	3	8
1	2	9

每位同学都得到了一块巧克力，整个教室弥漫着巧克力的香甜味。

趣味链接

右边有一幅图，哪一个数既在正方形中又在圆中，但不在三角形中？

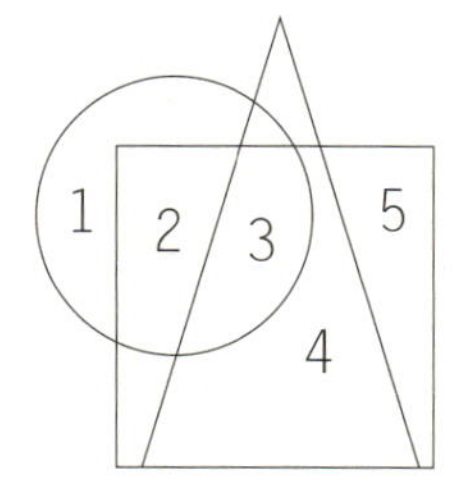

3 认识10

从 1 到 10

今天，美美老师在课堂上给大家讲了一个故事：“在数学王国里，0 ~ 9 十个数字是好朋友。可是，有一天，数字 9 发现自己是最大的，就开始骄傲起来，它对其他数字说，‘你们这些小不点儿，全都比我小，你们以后都要听我的，我是你们的大王。’为了给 9 一个教训，其他数字悄悄商量出了一个对策。它们让数字 1 站到 0 的左边，这样就形成了一个新的数。数字 9 看到这个新的数，惭愧地低下了头，再也不骄傲了。从此，数字 9 和其他数字又是好朋友了，它们快乐地生活在一起。”

“听完故事，你们知道其他数字想出来的什么对策教训 9 吗？”

美美老师刚说完，大虎立马说：“它们肯定直接告诉 9，你不是最大的，还有比你更大的数。”

小慧说：“我同意大虎的说法，它们应该是发现了一个新数，而且这个数肯定比 9 大，但它们告诉 9 的方式可能更委婉一点儿。”

美美老师听到这里很满意：“你们真会思考。它们让数字 1 站到了数字 0 的左边，你们说数字 0 和数字 1 站在一起变成了几？”

“10。”小阳说。

“对，那 10 比 9 多几呢？今天我们就来认识这位特殊的新朋友。”

美美老师看了看同学们，继续说道，“我们身上就有10，它每天都帮我们做很多事。”

听完美美老师的话，同学们马上伸出了自己的双手。于是，美美老师带着同学们一起按照从小到大的顺序数了起来：“1、2、3、4、5、6、7、8、9、10。我们还可以按照从大到小的顺序数一数，10、9、8、7、6、5、4、3、2、1。”

点睛之笔

以前我们认识的数，都是一个数字表示一个数，10是由两个数字组成的。两位数个位上的1表示1个一，十位上的1表示1个十，这在数学史上是一个创举。

“所以，10的家在哪里呢？”美美老师问道。

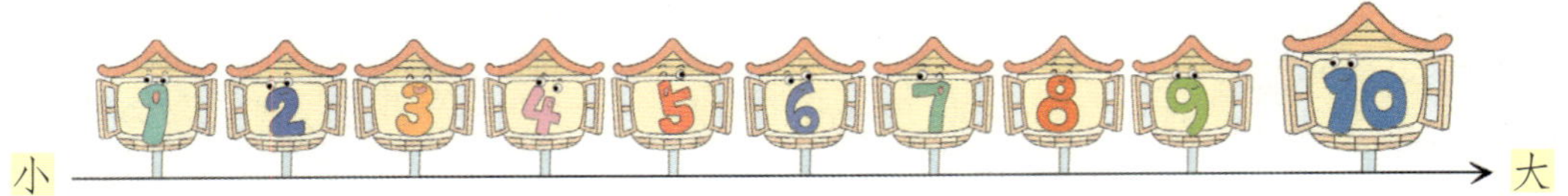

“那10的邻居都有谁呢？”美美老师紧接着问。

“10的邻居就是9。”小阳继续说道。

接着，美美老师又拿出一个计数器：“这是计数器，我们可以用它来表示数。”说完，美美老师在计数器上拨了9个珠子问：“这是几？”

“9。”同学们异口同声地回答。

美美老师又拨了一个珠子问：“那现在呢？”

“10。”

“9个珠子，怎么才可以变成10个珠子呢？”

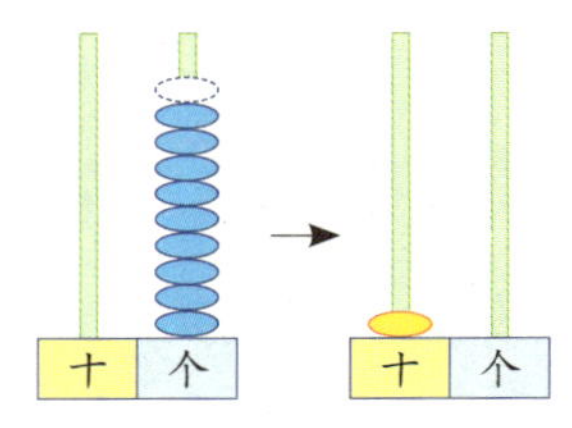

大虎抢着说道：“再拨一个过来呗。”

美美老师笑了笑说：“有了计数器就不用这么麻烦了，计数器上不同的位置表示不同的数，个位上满10个就往十位上进一，在十位上只要拨一个珠子就表示一个十，个位上没有珠子，我们就用 0 来表示，这就是 10。”

美美老师继续讲：“同学们，1 和 0 在一起相处得很和谐，看起来也很完满。10 在人们心目中的地位也越来越高了，它逐渐成为完满的象征，成语‘十全十美’就表达了人们对完满的追求。一位外国友人还写了一首诗，表达了对‘10’的崇拜之情。”

“古罗马历，一年月亮绕十个圈，
当时把这个数奉为至尊至上，
或者因为我们习惯了用手指来计数，
或者因为妇人怀胎十个月方才分娩，
再不然，就因为数字增到了十，
便回过头来，从一开始循环。”

“同学们，现在，你们已经认识了 10，那我们来玩一个跟 10 有关的拍手游戏吧。我拍的数和你们拍的数合起来要刚好是 10 哦。”还没等美美老师说完，同学们都已经跃跃欲试了。

玩着玩着，下课的铃声响了起来。

数学游戏——10 的合与分

今天又是美美老师的游戏课，同学们都非常期待。

美美老师抱着一个箱子来到教室，然后从箱子里拿出了一叠信封。美美老师说：“同学们看一看，老师手中有这么多信封，它们里面装的全是图片。你们随便从哪个信封里拿出几张图片，不要告诉我你们拿了几张，也不要让我看到，通过读心术，我可以知道你们拿了几张图片。你们相信我有这个本领吗？谁想第一个来试试？”

大虎立刻站起来，说：“我想试试。”

大虎从美美老师手中拿了一个信封，然后从里面随机拿出 4 张图片藏在了身后。美美老师看了眼信封，又在大虎的心脏处听了听，然后笑着说：“我听到了，是 4 张。”

同学们很奇怪，美美老师是怎么知道大虎拿了 4 张图片的呢？难道美美老师真会读心术？

“谁还想来试试？”美美老师神秘地笑了笑。

小慧立马举起手：“我也想试试。”

小慧从美美老师手中的一个信封里随机拿出 5 张图片，美美老师这次又猜对了。

小芳也尝试了一次，没出意外，美美老师又猜对了。

这下，同学们对美美老师有读心术这件事深信不疑，直呼：“美美老师太厉害了！”

善思好问

美美老师是怎么猜对的呢？她真的会“读心术”？

这时，小阳突然站起来说：“我知道是怎么回事了，因为这些信封里都装着 10 张图片，要知道同学们拿出了几张图片，只要知道信封里还剩几张图片就可以了。我观察到老师有一个动作，就是每次同学拿完图片后，老师都会看一眼信封，应该是在看信封里还剩下几张图片。”

美美老师欣慰地看着小阳：“小阳观察得很仔细，为什么我可以猜得又对又快呢，因为我知道每个信封里都有 10 张图片，我根据 10 的组成就能猜到你们拿走了几张图片。所以，当大虎拿走 4 张图片时，信封里还剩 6 张；小慧拿走 5 张图片时，信封里还剩 5 张；而说小芳拿走了 6 张图片，是因为信封里只剩 4 张了。那么，如果信封里还剩 3 张、2 张或者 1 张图片，你们想一想应该是拿走了几张？”

“如果剩 3 张，就是拿走了 7 张；如果剩 2 张，就是拿走了 8 张；如果剩 1 张，就是拿走了 9 张。”小慧立马说。

“是的，因为我们知道 10 可以分成 1 和 9、2 和 8、3 和 7、4 和 6、5 和 5。我们就可以很快地说出大家拿走了几张图片。”

美美老师问道：“你们还想继续玩吗？”

同学们都跃跃欲试。美美老师从箱子里拿出了更多的信封，分给大家。同学们两人一组，玩得不亦乐乎。

想一想，在整个游戏的过程中，什么变了？是怎么变的？什么没有变？10 张图片的数量不变，拿走的图片越多，剩下的图片就越少。

数学游戏真好玩啊！

珠算是中国重大发明之一，2013 年 12 月 4 日，联合国教科文组织正式将中国珠算列入人类非物质文化遗产名录。

算盘图

我们的祖先用相同的算子元素——珠子，及它们所处空间位置的不同来表示不同的数值，这种做法就是采用了“位值制”的思想方法。算盘为上二下五珠，上面的一粒珠子表示“5”，下面的一粒珠子表示“1”。在用算盘进行计算时采用“五升十进制”，即每一档“满 5”便用一粒上珠表示，每一档满“10”时便向前一档“进 1”。

4
认识口

神秘的 0

“叮铃铃……”上课铃响了。

同学们端端正正地坐在自己的座位上。这时，阿帅老师拎着一个篮子神秘地走进教室。

“篮子里装着什么呢？”同学们好奇地盯着篮子。

“你们是不是很想知道篮子里装着什么？”阿帅老师笑着问道。

“是的，是的。”大虎马上应道，其他同学也连连点头。

看着同学们期待的表情，阿帅老师掀开了盖在篮子上的布。

“咦？怎么什么都没有！”大虎大叫起来。

阿帅老师笑着说：“前几天，我们一起认识了 1 ～ 9 这 9 个数字。今天我们要认识一位新的数字朋友，它很神秘，在英文中被叫作‘zero’，你们知道它是谁吗？”

“我知道，是数字 0。”小慧马上说道，“它表示没有，怪不得阿帅老师今天要拎一个空篮子来。”

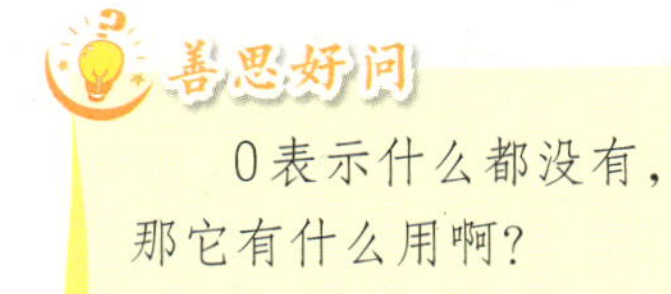

阿帅老师听了小慧的话，紧跟着说：“小慧说得真好，数字 0 很神秘，它不知道自己到底什么时候出生的，也不知道自己来自哪里。有人说它来自古巴比伦，也有人说它来自古印度，还有人说它来自中国。有人说一开始它是一个空格，还有人说一开始它是一个点。有人说它是被古罗马的一位数学家冒死救下，才保留至今的。”说着，阿帅老师神秘地笑了笑，从口袋里摸出 4 颗糖。

“我现在有 4 颗糖，如果我把其中 1 颗给小慧，我还有几颗糖？”

“3 颗。”小阳立马说道。

“我再给小阳 1 颗呢？”

“阿帅老师，那您就剩 2 颗了。”小芳看着阿帅老师说道。

“我再给小芳 1 颗呢？”

大虎迫不及待地说道：“还剩 1 颗了，这 1 颗能给我吗？”

阿帅老师笑了笑：“当然可以了，我把最后 1 颗糖给大虎，那我还有几颗糖呢？”

大虎一边接过糖，一边说：“阿帅老师，那您就没有糖了。”

阿帅老师摊摊手，说：“我没有糖，用什么数字表示呢？”

“0。”小阳说，“没有就用数字 0 表示。”

阿帅老师看着可爱的学生们，笑着说：“小阳说得非常好，0 表示‘没有’。比如，我原来有 4 颗糖，全都分给了你们，1 颗也没剩下，这时就用 0 来表示。还有，上课前，我拎着一个空篮子进来，也可以用 0 来表示篮子里物品的数量。当然，0 除了表示没有，它还有其他特殊的意义，你们知道是什么吗？”

“我在温度计上看到过 0，它应该不是没有温度的意思。但是，我不知道它具体表示什么。”小芳说。

“我想应该是表示开始吧，我在看足球比赛的时候也看到过 0，两队最开始的比分就是 0 : 0，这表示比赛要开始了。”小阳说。

“同学们，你们很会观察和思考。是的，有些 0 并不表示‘没有’，我们常说某天的气温是 0 摄氏度，在这里 0 不表示‘没有’，不是没有温度的意思，它在这里是一个标准，比如，海平面的高度为 0 米。很多时候，0 还会被一些文人墨客想象成人生的起点，就像尺子上的 0 刻度一样。”阿帅老师说道。

点睛之笔

0 可以表示“没有”，也可以表示起点。即使 0 表示没有，也不能说 0 没有价值哦。

阿帅老师停顿了一下，突然笑着

说："0 分一出现在你们的考卷上，那你们肯定就没有好果子吃了。"

"讲了这么多关于 0 的故事，你们知道 0 怎么写吗？有一首儿歌可以帮助你们记住它。"

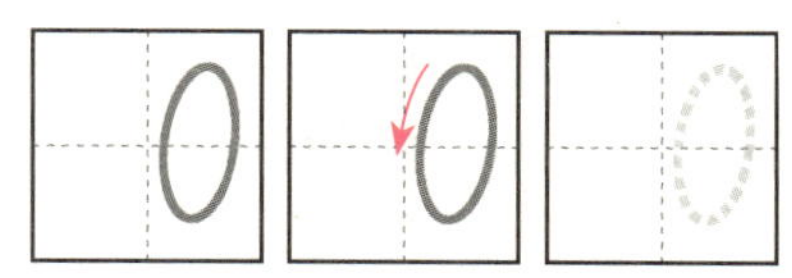

上边圆圆，下边圆圆，
从左圈到右，碰碰头，别出头。
不要画成大冬瓜，不要画成西瓜籽。
哪个数字最难写？就是这个零鸭蛋。

文化链接

在玛雅人的数学系统中，三个最基本的符号是一点、一横、一个贝壳。一点代表 1，一横代表 5，一个贝壳代表 0。

0 的故事

自从上节课阿帅老师带着同学们认识了神秘的 0 后，同学们经常缠着阿帅老师给大家讲 0 的故事。

今天，阿帅老师问同学们："看到 0，你们能想到什么呢？"

小阳说："我想到了空篮子，因为 0 表示没有。"

小芳说："我想到了尺子，尺子上的刻度 0 表示起点。"

大虎说："我想到了早上吃的鸡蛋。"同学们被大虎逗乐了。

阿帅老师问："那你们知道 0 的起源吗？"

同学们你看看我，我看看你，然后又齐刷刷地看向阿帅老师。

阿帅老师不紧不慢地讲起了故事："大约1500年前，罗马帝国有一位学者从印度记数法里发现了0这个符号。在使用的过程中，他发现有了0计数和运算会更方便，就把0介绍给了其他数学家。一段时间以后，这件事被罗马教皇知道了，教皇非常恼怒，他认为神圣的数是上帝创造的，在上帝创造的数里没有0这个怪物，0是'魔鬼数字'。教皇下令把这位学者抓起来，对他施加了酷刑，这导致他的双手残废，再也不能握笔写字了。就这样0被罗马教皇明令禁止使用了。虽然0被禁止使用，但是罗马的数学家们在做数学研究时会秘密地使用0。"

点睛之笔

原来0还有这样一段曲折离奇的经历。从这个故事里，我们可以知道真理是不会消失的。

阿帅老师看了看同学们，又神秘地说："你们想不想知道，在中国0有什么故事呢？"

大虎立马说道："想，想，阿帅老师，您快告诉我们吧。"

其他同学也好奇地看着阿帅老师，不停地点头。

阿帅老师继续讲："在我国古代，中文的'零'字出现得很早。不过那时它并不表示'没有'，而是表示'零碎''不多'。比如，在日常生活中，我们常常讲'零头''零星''零丁'等，它们都表示很少的意思。在中国古代并没有0这个写法，只有中文的'零'。后来，阿拉伯数字被引进到我国后，'零'才有了'0'的含义。"

同学们听了"0"的故事，对它更感兴趣了。

文化链接

0在我国古代还被叫作金元数字。你听说过金元宝、银元宝吗？它们是古代的钱币，表示极为珍贵的意思。金元数字0是极为珍贵的数字。

5 认识立体图形

生活中的立体图形

美美老师把一个白色的大纸箱，放在了讲桌上，同学们看着她，都特想知道美美老师的箱子里装的是什么宝贝。

“同学们，你们想知道这个箱子里面装的是什么吗？”美美老师轻声问。

“想……”同学们异口同声地喊。

“这里面装着生活中常见的物品，它们会帮助你们学习新知识。”美美老师笑着说。

“美美老师，您别卖关子了，这里面到底装着什么呀？”大虎急切地问。

“大虎，你这么想知道呀，那请你到讲台上，把箱子里的好朋友们请出来吧。”

大虎兴冲冲地走上讲台，发现纸箱里装着各种各样的东西，有积木块、饮料罐、弹珠、牛奶盒、魔方、乒乓球、笔筒、鞋盒、骰子、牙膏盒、感冒药盒。

看着这样一堆物品，同学们都十分诧异，小芳忍不住问道："美美老师，您怎么把这些东西拿到课堂上来了？在家里，它们可是随处可见啊，而且这些物品好像也没有共同点呀！"

"真的吗？你们再观察观察。"美美老师说道。两分钟后，美美老师问："你们发现什么了吗？"

> **1 评评有理**
>
> 我们不能被表面现象所迷惑，材质和颜色不相同时，要看物品的其他属性是否相同。

小慧在座位上把手举得高高的，好像有了"重大发现"。

"小慧，你发现了什么？"美美老师问道。

小慧说："老师，我需要到讲台上把这些物品分分类。"美美老师点头请小慧到讲台上来。小慧将鞋盒、牙膏盒、牛奶盒、感冒药盒放在了一起；将弹珠、乒乓球放在了一起；将骰子、魔方、积木块放在了一起；将饮料罐、笔筒放在了一起。美美老师没让小慧直接说出这样分类的原因，而是问同学们："你们同意小慧这样分类吗？"

大虎抢先回答道："同意。"

“好，请大虎给我们说一说为什么可以这么分类。”

“鞋盒、牙膏盒、牛奶盒、感冒药盒都是盒子；弹珠、乒乓球都是球形的；骰子、魔方、积木块都是实心的；饮料罐、笔筒都是空心的。”大虎自信地说。

“大虎，你真棒。其他同学再看一看它们的外形，想一想还有没有其他的分类理由。”

略微思考后，小阳回答道：“第一类物品的外形是长长方方的；第二类物品的外形是圆圆的；第三类物品的外形是方方正正的；第四类物品像柱子。”

“小慧，你同意大虎和小阳说的分类理由吗？”

“完全同意。”小慧点点头。

“那你们知道根据外形分的这四类物品形状的名称吗？”

“第一类是长方体；第二类是球；第三类是正方体；第四类是圆柱。”小慧急切地说。

“哇，小慧你真棒。这就是我们今天要学的内容——立体图形。”老师总结道。

美美老师问：“长方体有什么特点？”

小芳说：“它的每一个面都是长方形的，它很稳，不会滚动。”

美美老师又问：“生活中还有哪些物体是长方体呢？”

“课本、立式空调。”小慧抢着回答。

“还有砖头。”大虎也快速地说了一个。

美美老师总结道：“你们说得都对。其实，生活中还有很多物体是长方体，只是它们都学会了伪装，你们要睁大眼睛，把它们找出来。我们已经认识了长方体，那么我们再来认识认识正方体。”

美美老师说："正方体和长方体长得很像，它是一种特殊的长方体，生活中有哪些物体是正方体呢？"

小阳说："我爱吃的豆腐块和蛋糕盒都是正方体。"

美美老师说："接下来我们一起来认识圆柱。"

"我知道，老师，圆柱上下一样粗，上下两个面是圆形，把它横着放在桌子上能滚动。我的铅笔筒就是圆柱，我家里的玻璃杯也是圆柱"大虎笑呵呵地说。

"大虎反应很快，说明他平时观察事物很仔细。接下来，我们认识最后一位朋友——球，它有什么特点呢？"美美老师问。

"球是圆圆的，没有平平的面，放在桌上它可以任意滚动。"同学们齐声说。

"足球和篮球，都是球。"小阳补充道。

美美老师说："你们真是太优秀了，现在，我们一起来看一看它们的抽象图形。"

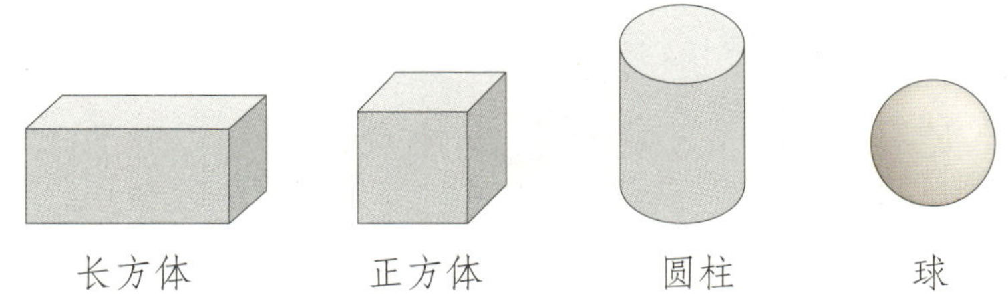

长方体　正方体　圆柱　球

"希望你们善于用数学的眼睛去发现生活中的立体图形，并用它们做做手工，我期待你们的作品哦。"美美老师说完，下课铃声就响了。

机器人身上的秘密

美美老师讲课很有趣，她总能给同学们带来很多惊喜。上课了，美美老师准时出现在了教室门口，她还搬来一个“庞然大物”。

同学们忍不住小声交流起来……

美美老师看着同学们，不紧不慢地说：“同学们，今天我给你们带来了一件礼物，我们以热烈的掌声欢迎机器人悠悠。”

美美老师继续说：“悠悠是用很多盒子做成的，它想请你们把这些盒子按照形状分分类。”

“我知道，我知道！”大虎迫不及待地边举手边说。

美美老师温和地说：“为了让同学们看清楚，大虎你上来指着说吧”。

大虎来到悠悠旁边，边指边说：“悠悠身体的中间部分与下面的底座是一类，是长方形。”

“老师，大虎说得不对。”一向严谨的小慧举手纠正，“不是长方形，应该叫长方体。”

美美老师说：“像这样长长的、方方的物体叫作长方体。它与长方形的不同是它有厚度，它是一个立体图形。”大虎听后不好意思地笑了笑。

小芳接着举手说：“悠悠的两只脚方方正正的，是正方体。”美美老师赞许地点点头。

“我来补充！”小阳边说边走到机器人悠悠身旁，“悠悠头顶上的天线、胳膊还有双腿都是圆柱；悠悠的头圆滚滚的，是球。”

美美老师听了同学们的回答，满意地说：“我们刚才通过分一分、认一认的活动认识了各种几何体，我们用手可以摸到这些物体的轮廓，感受到它们的厚度，它们是立体的，这些物体的抽象图形称为立体图形。”

这时，机器人悠悠突然说话了：“同学们，大家对立体图形已经有了初步的认识，今天我给同学们带来了很多物品。请选择一个你喜欢的物品，看一看、摸一摸、玩一玩，然后同学们说一说你选的物品长什么样，摸起来有什么感觉。赶快行动起来吧！”

悠悠一说话可吓了同学们一大跳，聪明的小慧发现了奥秘：“哈哈，悠悠不会说话，是美美老师放的录音！”美美老师笑着说：“同学们快行动起来吧！”

同学们分别拿着长方体、正方体、圆柱、球，摸摸、看看、说说。

时间过得很快，不一会儿同学们似乎都有了发现。美美老师说：“谁愿意上台来介绍一下你的好朋友，说一说它长什么样子。其他同学要仔细看，认真听。”

小阳率先走到讲台上，他举起一个积木小球说道：“这是我的好朋友——球，它圆头圆脑，摸起来圆乎乎的，没有平平的地方，它爱滚来滚去。我很喜欢玩球。”

美美老师表扬道：“你真会观察！请把它滚起来给同学们看看。”话音刚落，小阳手中的球已经在讲台上滚动起来啦，同学们也从自己桌子上的物品中挑出球，让它们在桌面上滚动起来，大家玩得不亦乐乎。

“我们的下一个好朋友是谁呢？”美美老师示意同学们继续分享。

大虎走上讲台说道："这是我的好朋友——圆柱，它有点儿圆，又有点儿长，它的上面和下面都是圆，要它站它就站，要它滚它就滚，它站着不会滚，只有躺着才会滚。"说完大虎放倒圆柱，让圆柱滚动起来。同学们也拿出自己的圆柱，纷纷尝试让圆柱滚动起来。美美老师把掌声送给了大虎，夸他进步很快。

小芳不甘示弱地走上讲台，她举起长方体说："我的好朋友——长方体，它有的地方摸起来是平平的，有的地方摸起来有点儿扎手，它有尖尖的角，它有六个面。"美美老师打断她："你能有顺序地把长方体的六个面数给同学们看看吗？同学们都来数数看。"同学们都伸出小手跟着小芳数起来。

小芳补充道："六个面摸起来平平的，有的面大，有的面小。它很听话，它不会乱滚，我很喜欢它，我家里有很多物品跟它长得一样。"

"你真聪明！你非常了解你的好朋友！"美美老师竖起大拇指。"你们还有好朋友要介绍给同学们吗？"

小慧举着正方体说："我的好朋友——正方体，方方正正的，它也有六个面，它的六个面一样大，它有的地方平平的，有的地方有尖尖的角，它也不会滚来滚去。"

美美老师高兴地说："同学们不仅会听、会看、还会说，真了不起！今天的学习我们只是打开了图形王国的大门，图形王国中除了有这四种立体图形，还有很多神秘的图形等着我们去探索呢！"

文化链接

下面有几道数学谜题。你知道它们分别指哪一种立体图形吗？

圆圆鼓鼓小淘气，滚动起来不费力。

正正方方六张脸，平平滑滑都一样。

上上下下一样粗，放倒一推就滚动。

长长方方一物体，平平稳稳随处见。

大虎的梦

“妈妈，我想再玩会儿积木。”大虎用恳求的眼神看着妈妈。

“不行，你该睡觉了。明天还要上学呢！”

“可是，是美美老师让我们玩积木的，她说明天上课就要学与积木有关的知识。”大虎又说。

“那也不行，赶快去睡觉。”妈妈坚定地说。

“那好吧。”大虎只好乖乖地去睡觉了。

……

“咦？这是哪里？咦？小阳，你怎么在这里，这里是什么地方？”

小慧拍拍大虎的肩膀说：“你是不是在做梦啊，我们是专门来参加图形运动会的呀。”

“好了，同学们，我们赶快走吧，图形运动会马上就要开始了。”美美老师转过身招呼大家。

“怎么还有美美老师，这到底是什么地方？”大虎环顾了一下四周，发现周围除了自己的同学，还有各种各样的立体图形，有球、长方体、正方体……还有好多叫不上名字的物体。它们也都急匆匆地往体育场赶。

大虎向体育场的主席台看去，只见一条横幅挂在主席台上，上面写着“第一届图形运动会”。大虎揉揉眼睛：“图形还能开运动会，真是太神奇了，赶快去看看。”他三步并成两步地赶上了同学们。

简短的开幕式后，比赛正式开始了。第一项比赛是激动人心的赛跑。图形的跑道跟人类的不一样，它们在滑梯上比赛而不是在地面上。参加赛跑的有正方体、球、长方体、圆柱、圆锥。

“正方体加油！”大虎兴奋地喊道。

“正方体恐怕赢不了，我看好圆锥。”小芳说道。

“小阳，你看好谁？”还没等美美老师问完，比赛的枪声就响了。说时迟，那时快，只见球和圆柱一下冲了出去，圆锥紧跟其后。

“怎么只有3个图形冲出来，其他2个图形呢？”小慧惊讶地问。

大虎用手指着起点说：“在那里呢！我的正方体啊！你倒是快跑啊！你怎么不动呢！”原来长方体和正方体出发后，只滑动了一下就放弃争夺冠军了。

突然，观众席上发出了叹息声。

“怎么了，怎么了。”大虎站了起来，想看得更仔细些。

“赶快坐下，大虎。”美美老师提醒大虎别挡其他人。就在这时，圆锥冲出了跑道。

“哎呀，怎么会这样呢？”小芳惋惜地说。

正当众人替圆锥惋惜的时候，球和圆柱离终点只有10米了。

“谁会是冠军呢？”解说员三棱柱兴奋地喊道。

大虎、小芳和小阳都屏住呼吸，生怕错过最关键的时刻。

“球和圆柱居然同时冲过了终点，它们都是冠军！”全场爆发出了热烈的掌声。“没想到，第一届运动会，两位选手就给我们带来了这么精彩的对决。”解说员更加兴奋了，全场观众一起喊着两位冠军的名字。

“我就知道，结局肯定是这样。”小阳得意地说。

小慧说：“没想到它们可以并列冠军，我以为球赢定了。”

“怎么就没有人看好正方体啊。”大虎小声嘀咕着，“唉，不过正方体和长方体的确不太擅长这个项目。”

“激烈的比赛仍在继续，接下来的比赛项目是叠罗汉！”

“唉？人类的运动会可没有这个比赛项目啊，今天也算开了眼界，看一看图形们的表现吧。”小阳激动地鼓起掌。

“请运动员上场，它们是球、正方体、圆锥和圆柱！”

“正方体加油！”大虎依然在给正方体加油。

“这次我赞同大虎，正方体会赢。”小阳兴奋得站起来，与大虎一起喊道，“正方体加油！”

比赛现场，圆柱和正方体轻轻松松就叠了两层，观众席上响起了热烈的掌声。这时，全场观众都看向圆锥和球的队伍，因为它们已经失败 2 次了，如果再失败，它们就要被淘汰了。

此时，第 2 个球小心翼翼地站在第 1 个球的上面，“3、2…”裁判开始读秒，裁判还没有读完，只听“砰”的一声，球重重地摔在地上，不省人事了，裁判赶忙叫来担架，将球抬离了场地。圆锥看到这种情景，直接向裁判示意放弃比赛。

现在，赛场上只剩下圆柱和正方体。它们一层又一层地往上叠，丝毫没有停下来的意思，而且都非常稳。

“正方体加油！千万别输了。”大虎和小阳喊道。正当观众在为各自喜欢的图形加油时，裁判突然终止了比赛。“为了安全考虑，我宣布，正方体和圆柱共同获得了冠军。”

运动会在同学们的掌声中结束了。

……

“大虎！起床上学去了！”妈妈的声音从隔壁房间传来。大虎“嗖”地一下从床上蹦起来。原来是梦啊！

“上课，起立，今天我们要学的图形是立体图形。”美美老师说。

大虎揉了揉眼睛：“眼前的情境怎么和梦里一样啊！”

“大虎，你来回答，你觉得哪个立体图形最会滚？”

“正方……，不对，是球和圆柱。”

“回答正确，上课要认真听讲哦。”

“嗯！”

这节课大虎听得格外认真，老师的问题都没难倒他，就好像他已经学过了一遍似的。

认识平面图形

平面图形哪里来

“叮铃铃……”上课啦，美美老师拿着一个大口袋走进教室。

美美老师看到同学们好奇的目光，说：“你们是不是很想知道这个大口袋里装的是什么啊？”

大虎反应最快：“我猜是立体图形。”

小芳、小阳和小慧听了大虎的回答，纷纷表示赞同。

美美老师点点头：“大虎你看口袋里都装了哪些立体图形？”

大虎一边往外拿立体图形一边介绍：“有正方体、长方体、圆柱，还有这个，这个是什么，我不知道它叫什么。”说完大虎尴尬地笑了。

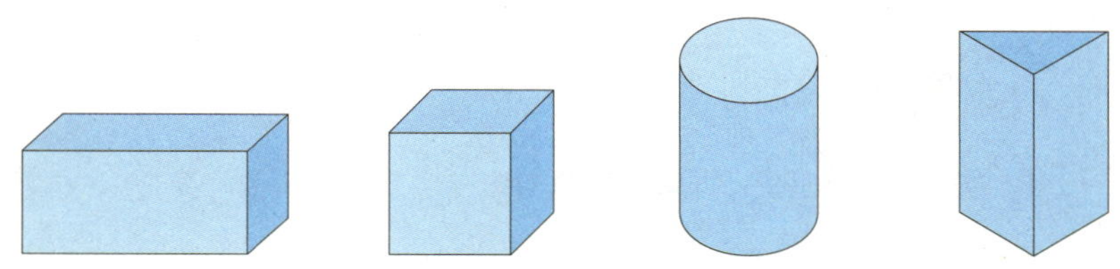

同学们开始猜它的名字：“三角体？三角柱？”

小慧说：“这个是三棱柱，我爸爸昨天告诉我的。”

美美老师接着说：“是的，它叫作三棱柱。小慧很棒，现在我把立体图形发给大家，大家把它们摆在桌面上，我们要开始做游戏了！”

听说要做游戏，同学们赶紧准备，美美老师发出游戏口令：“请大家闭上眼睛，从桌面上摸一个正方体举起来。”

很快，同学们的小手一个接一个地举了起来，有人举的是正方体，有人却举起了长方体。

看着有些同学疑惑的表情，美美老师问道：“谁来说一说怎么才能摸出正方体呢？”

小芳说：“正方体方方正正的，它的每个面都一样大，我摸着这个立方体的每个面都差不多大，就觉得它应该是正方体了。”

美美老师总结道：“没摸对的同学们再试试，大家左手拿正方体，右手摸一摸它的每个面感受一下。”

小阳摸完后说：“平平的，滑滑的。”

美美老师说：“现在，我可要出难题了，看谁能回答出来。谁有办法把正方体的一个面请到白纸上？”

听到难题，同学们都开动了脑筋，想怎么才能把正方体的一个面请到白纸上。

大虎灵机一动：“可以画出来，我把正方体放在白纸上，然后用笔绕着正方体的下周描一圈。”

说完，大虎就画了起来。可是俗话说：“一说就会，一做就废。”大虎尝试了几次怎么都画不好，图形的某个角老是长出小尾巴。

小芳提醒他：“你把小尾巴擦掉就行啦。”大虎恍然大悟。

与此同时，小阳也想到了一个办法，昨天老师让大家准备印泥，他想印泥肯定可以派上用场，怎么用呢？“啊，我想到了‘雪地里的小画家’的故事，可以把正方体的一个面沾上印泥，然后印在纸上，就像小动物在雪地里用脚画画一样，这样还不会有小尾巴。”

这是个好办法。这时小芳犯了难，因为她没有印泥。班里好多同学都没有印泥，这该怎么办呢？

小慧急中生智：“我有一个好办法，可以用彩色笔来涂正方体六个面中的一个面，趁颜料没干的时候赶紧印在纸上，这样就可以了。”

小芳、大虎等人听了点头道：“原来还可以这样操作。”并试着做起来，果然得到了一个面的图形。

美美老师连连称赞同学们：“我就喜欢看你们动脑筋克服困难的样子。现在，我们知道了，要想得到立体图形的一个面，可以用印一印或者画一画的方法，那么，请你们动手试一试将其他立体图形的面也请到纸上来做客吧。”

同学们都拿起手中的立体图形忙起来了。

巡视了一周后，美美老师说：“我发现同学们从立体图形中得到的面一共可以分为四种，她一边说一边把图形贴在黑板上，并让同学们把这些图形的特点以表格的形式列出来。

平面图形	特点	从哪些图形里找到的呢？
	方方正正的，每条边都一样长	正方体、长方体
	长长的、方方的	长方体、三棱柱
	圆圆的	球
	有三条边和三个尖尖的角	三棱柱

美美老师说：“现在每位同学试着用尺子画一个长方形，谁先画好了，就把自己画的图举起来。”

大虎第一个举起了他画的图形：“老师，我画好了！”

看着大虎画的图形，有人露出怀疑的目光。

小阳举起手说：“大虎画的不是长方形。第一，他画的图形的角是圆的，而长方形的角应该是尖尖的；第二，把长方形对折起来可以发现，它的对边一样长，大虎画的图形的对边也不一样长。”

同学们纷纷检查自己画的图形是不是符合长方形的特点。

大虎在心中嘀咕：“我还以为只画 4 条线就行了，原来还有这么多要求。”

美美老师继续说：“上面提到的这些图形叫作平面图形。面从体上来，平面图形还存在于很多物体的表面，你们还可以从哪些地方找出平面图形呢？”

“课桌是长方形的。”大虎摸着课桌的表面说。

美美老师说：“你想说课桌的表面是长方形吗？同学们认为呢？”

小慧举起手说：“我觉得不是，因为课桌表面的四个角是圆的，不是尖的，所以它不是长方形。”

听完小慧的发言，大虎立马改口说：“我们的数学书的表面是长方形的，因为它的角是尖的，不是圆的。”

大虎的反应把同学们逗得哈哈大笑。同学们一个接着一个发言。

“黑板的表面是长方形。”

“有的钟的表面是圆。”

“我的手工纸是正方形。”

……

美美老师说：“平面图形在生活中随处可见，我们说上一天也说不完，但你们不要再把‘像’某种图形说成‘是’某种图形了。”

听完美美老师的话，大虎又不好意思地笑了。

收　拾

同学们在欢声笑语中结束了数学课。

美美老师说：“下课！大虎、小阳、小慧、小芳帮我把同学们桌子上的图形学具，放在方筐里。”

一会儿的工夫，大虎便拿着方筐过来找美美老师了：“老师，我是第1名。”美美老师看着大虎方筐里的图形学具摆放得乱七八糟，不知该说些什么。这个时候小阳也拿着方筐走了过来。大虎看见小阳把图形学具收拾得整整齐齐，惊讶地问道：“你是怎么收拾的呀？”

小阳说：“我把长方体和正方体放在一起，把三棱柱和球放在旁边。”小慧也收拾好走过来。大虎感觉更加羞愧了，因为大虎看到小慧的方筐里摆放着整整齐齐的图形学具。

你知道小阳是依据什么摆放图形学具的吗？小慧又是依据什么摆放图形学具的呢？

“小慧，你是怎么收拾的呢？赶紧教教大虎。”美美老师问道。

小慧说：“我把长方体、三棱柱、正方体放在一起，球单独放在一边。”

“大虎，你学会了吗？”大虎拿着自己的方筐回到座位上重新整理。

善思好问

同学们，赶紧帮大虎想一想他应该怎么摆这些学具吧！

美美老师发现小芳还没收拾好，问小芳：“怎么了？”小芳说：“老师，我有个图形学具不小心掉到地上，不知道滚到哪里去了。”

“那你知道它是什么形状的吗？”美美老师问。

“没有，它滚得太快了，一溜烟就不见了。”小芳摇摇头。

同学们，你能在下图中找到小芳丢了的学具吗？

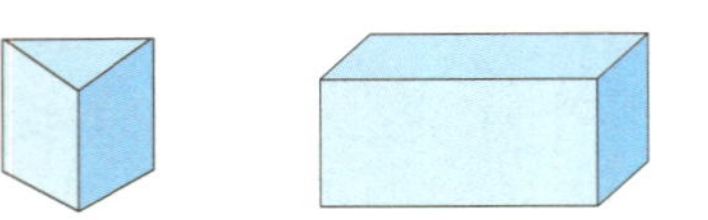 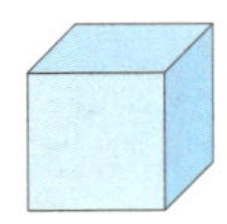 

找影子游戏

今天阳光明媚，秋高气爽。一下课，调皮捣蛋的小阳和他的小伙伴们马上冲出教室，玩起了喜羊羊与灰太狼的扮演游戏，你们看，扮演喜羊羊的小阳正在努力地解救羊族的成员呢。

“叮铃铃……”上课了，同学们意犹未尽地回到教室，这时阿帅老师神秘地走进教室，对同学们说：“同学们，今天阳光正好，我们来玩找影子的游戏吧！”听到数学课上要玩游戏，同学们乐开了花。

“你们知道什么是影子吗？”阿帅老师问。

“我知道，我知道……”同学们都想回答。

“影子谁不知道呢，它就是在太阳光的照射下，在地上看到的物体的阴影呗！”大虎没举手就说了出来，他觉得阿帅老师的问题太简单了，自己可是一年级的大孩子了。

“那我就来考考你们，看看你们能不能认出来这些是什么动物的影子！”阿帅老师神秘一笑，出示了三个影子。

①　　②　　③

看着三个灰蒙蒙的影子，同学们感觉问题好像并不简单，看影子还真看不出它们是什么动物。阿帅老师看着同学们一脸蒙的样子，就给出了三个动物的正面图，让同学们连一连。

A　　B　　C

“这可难不倒我，①是小猫，②是小狗，③是小兔”小慧自信地回答，“我是看他们的轮廓来找的，他们都很有特点。小猫有长长的胡须，小狗的耳朵大大的，小兔的耳朵长长的。”小慧表达清晰、方法得当。阿帅老师满意地点点头：“找轮廓，看特点，还真是好方法！”

阿帅老师问：“除了太阳下有影子，哪里还有影子呢？”

大虎抓耳挠腮地想起来：“哪里还有影子呢？”

“我知道，镜子里看到的也是影子。”

“在水面上看到的物体的倒影也是影子。”

阿帅老师笑着点点头说：“那你们看看，镜子里的影子、水里的倒影和实物有什么不一样呢？”

同学们认真地看了一下，很快就有人发现“镜子里的影子和实物是左右相反的”“水中的倒影和实物是上下相反的”。

阿帅老师满意地说："那你们就根据镜子里的影子和水中的影子，给小动物连连线吧。"

水中的影子　　　　镜子中的影子

小阳一看，好开心呀，有他喜欢的小猴子，可不能让阿帅老师把自己看低了，一定要连对。他尝试着连线，但是，影子真像，怎么来区分它们呢？此时，他想到小慧刚才说的方法：找轮廓、找特点。还有其他同学说的方法：镜子里的影子和实物是左右相反的，水里的倒影和实物是上下相反的。

这些方法还真有用，没过多长时间，小阳就连好了。

阿帅老师看了看小阳的连线结果，称赞了小阳，小阳心里美滋滋的。

看着同学们学得很开心，阿帅老师说："刚才你们帮小动物找到了自己的影子，很厉害哦。那么，你们能不能找出图形在水中的倒影呢？"

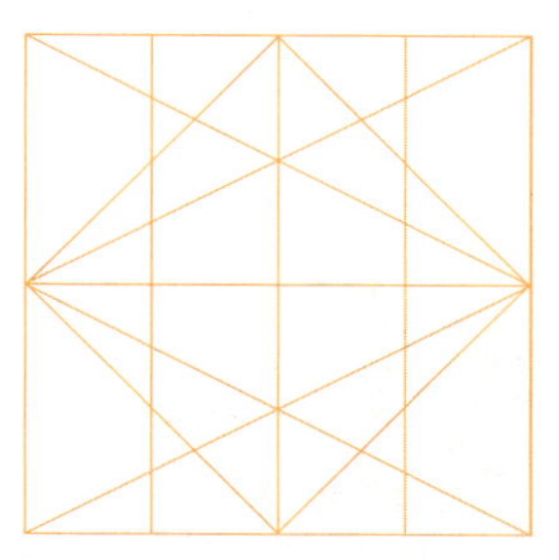

“在左边的图里画出右边图的倒影。”阿帅老师对自己出的题目很满意，他感觉同学们有可能做不出来。

“找轮廓、找特点，哈哈哈，我们都画出来了。”同学们一起喊起来了。

“叮铃铃……”下课了，同学们冲出教室，他们想在阳光下追逐自己和别人的影子，找影子游戏可太好玩了。

7
几和第几

到底第几名

学校一年一度的田径运动会开始了，小阳代表班级参加男子400米比赛。

“砰——”发令枪响了，小阳飞快地向前方跑去。一时间，看台上响起了阵阵呐喊声。

小芳今天突发感冒，不能以啦啦队队长的身份到场为运动员们加油鼓劲了，她很难过。

美美老师为了安慰小芳，拨通了小芳家的电话。

“喂，你好，我是美美老师，请问小芳在家吗？”美美老师的声音在电话里响起。

“老师，您好！我就是小芳。”接电话的正好是小芳。因为感冒，小芳的声音与往常听起来不太一样。

“小芳，小阳参加的男子组400米比赛刚开始。我想你一定很想知道比赛情况，所以就给你‘实况转播’哈！”美美老师开玩笑。

小芳惊喜地说：“谢谢老师，我正为不能到场呐喊助威着急呢，您太贴心啦！现在小阳是第几名呀？”小芳焦急地问美美老师。

“别着急，我来说，你猜一猜。小阳这一组共有8名运动员。从后面往前数，小阳在第5位。”美美老师卖了个关子。

“那是第几名？让我想一想……”小芳想象着比赛的画面。一共有8人比赛，从后往前数，小阳在第5位，这说明包括他在内，后面一共有5人，那么，前面就有3人。小阳现在是第4名。“老师，小阳现在是第4名对吗？”小芳询问美美老师。

“真聪明，你答对了！不过比赛还在进行中呢，情况随时会发生变化。你瞧！小阳前面有5人了，小阳现在是第6名。”小芳听着美美老师的现场报道，难受起来。她开始责怪自己的病生得不是时候，这时候她应该在现场为小阳加油才对。

当然，也可以这样想，原来小阳是第4名，现在又有2人超过了他，所以他现在是第6名。

“小芳，你就别责怪自己了。你还记得赛前训练时，小阳一直都是前半程保存实力，后半程才开始发力追赶的吗？这是他的比赛战术，你看着吧，他一定会追上去的！”

果然，美美老师话音刚落，就看到小阳像一匹脱缰的骏马，飞快地向前方冲去，他很快就超过了他前面的几名运动员。

“太好了，局势逆转了，刚才冲在前面的运动员都明显没有冲劲了。接下来就看小阳能不能坚持到最后啦！”美美老师看到小阳出色的发挥，兴奋地说。

“老师，现在怎么样了？”小芳着急地问道，关键时候好像电话的信号也不太好了。

忽然电话那头传来声音：“小芳，我告诉你，现在小阳的后面有6名运动员，他的前面只有1名运动员，你说他现在是第几名了啊？”

美美老师有点儿得意的样子，小芳在电话的这头都感受到了：“小阳是第2名，他真是太厉害了！”

“小芳，现在小阳开始冲刺啦！太紧张了，他和第1名就差半个身位啦！”突然，电话那头传来美美老师激动的声音，“两个人并肩啦！小阳加油！”

“小阳加油！”小芳在电话这头也为小阳加油鼓劲。

只听到电话那头美美老师喊道：“小阳超过第1名的运动员，冲过终点线啦！”

“小阳是第1名，对不对？”小芳兴奋地欢呼起来，“老师，太棒了，我的感冒都快好了！”

电话里传来了美美老师清脆的笑声，还有看台上的欢呼声。

几和第几——排队游戏

这节课是同学们期待已久的游戏课。

阿帅老师看着迫不及待的同学们笑道：“今天我们来玩一个特别的排队游戏。”说着，他拿出一个黑色的眼罩，邀请小阳到讲台上来。

“我先请小阳戴上眼罩来试玩一下，其他同学都不能做场外提醒哦。”

“会是什么游戏呢？”同学们小声嘀咕着，都猜不到阿帅老师想要干什么。

“好了，现在我邀请一些同学跟小阳站在一起，排成一列队伍。你们可以选择站在小阳的前面或者后面哦。”在阿帅老师的邀请下，小阳的队伍逐渐壮大起来。

“现在请站在队伍里的人说一说，你处在队伍的什么位置。小芳，你先来说一说。”

小芳数了数她前面的人数，又数了数她后面的人数，说道：“我前面有6人，我后面有8人。”

小慧也举手说：“阿帅老师，从后往前数，我在第3位，从前往后数，我在第 13 位。”

阿帅老师笑着点点头说：“你们都没有被蒙住眼睛，所以对自己的位置十分清楚。不知道被蒙住眼睛的小阳，现在对这列队伍了解多少呢？”

小阳想了想说：“这列队伍一共有 15 人，对吗？”

阿帅老师问：“你是怎么想的？跟我们说一说吧。”

小阳说：“我是根据小芳和小慧说的话推断出来的。小芳说，她前面有 6 人，她后面有 8 人，所以这列队伍就有 6+8+1=15（人）。6 表示小芳前面的 6 人，8 表示小芳后面的 8 人，1 就是小芳自己啦。”

阿帅老师认同地点点头：“小慧的话呢？你又是怎么理解的？”

小阳又说：“小慧说，从后往前数，她在第 3 位，从前往后数，她在第 13 位。在数的过程中，她被数了两次，所以我想到的算式是 3+13−1=15（人）”。

阿帅老师转头问同学们：“你们认为小阳列的算式对吗？”

“对！”同学们一致表示赞同。

阿帅老师又问小阳：“那你想知道你站在哪里吗？”

小阳笑着说：“只要给我一个数字信息，我就知道啦！”

小芳忙说：“你的前面有 7 人。”

小阳说：“那从前往后数，我在第 8 位。”

小慧也说：“那你说一说，从后往前数你又在第几位？”

小阳马上回答：“15−7=8，从后往前数，我还是在第 8 位。我处在这列队伍的最中间，没错吧？”

同学们笑着说：“小阳真聪明，蒙着眼睛都能知道自己的位置。”

阿帅老师说：“刚才小阳给我们做了很好的示范，接下来，你们也来玩一玩这个排队游戏吧！”

号码牌中的奥秘

“同学们，告诉你们一个好消息，你们期盼已久的运动会终于要开了！”美美老师兴奋地走进教室。

“太好了，我这个运动员已经等不及了！”大虎拍拍胸脯说。

“现在，请报名参加运动会的同学起立！”美美老师说。“哗”地一下，站起来好多人。

大虎自告奋勇地说：“老师，我来帮您数一数！1、2、3、4、5、6、…、10，一共10人！”

大虎话音刚落，小慧举手说：“不对，不对，大虎没有把自己数进去，应该有11人报名参加了运动会。”

同学们哈哈大笑，大虎不好意思地挠挠头。美美老师笑着说：“我们认为数数很容易，但要想数得正确，就应该把要数的物品和我们学过的数一一对应，在这个过程中一定不能有遗漏。”

“同学们，在生活中，我们需要数数的时候，怎么做到一一对应呢？你们有什么好办法吗？”美美老师接着问。

小芳首先站起来说：“比如，我们要数草地上一共有多少匹马。我就用画圈圈的办法，1个圈对应1匹马。”

“画了5个圈，就说明有5匹马。”

“这个方法是对的，不过我还有一种方法。”小慧有自己的想法，“我也用数马的例子来说明。数马时，我会在心里把1匹马和一个数对应，第1匹马就是1，第2匹马就是2，第5匹马正好对应数字5，这样我就知道这里一共有5匹马了。”

点睛之笔

1匹马对应1个圈，1匹马对应1个数，一一对应。当然，用数来进行对应的时候，比如，对应到5，表示这一匹马是第5匹，也表示马的总数是5。

美美老师笑着说：“这些都是一一对应的数数方法。”

“现在请运动员们到讲台前面领号码牌。”美美老师接着说。

“一年级（1）班1号、2号……”

“哔——”美美老师吹了声哨子，运动员们赶紧按顺序排队。“同学们，你们觉得他们排得对吗？”美美老师问。

小阳瞪大眼睛一看，不对呀！5号的大虎怎么在6号右边？他赶紧举手：“老师，5号大虎应该站在6号的左边。”大虎有点儿晕问道：“哪边是左边啊？”这时，小慧站起来说：“从观察者的角度看，1号是从左边数起的第一位，2号是左起第二位，3号是左起第三位，4号是左起第四位，然后就是5号、6号、7号……以此类推。这个时候你的号码牌就告诉你应该排在第几位了。”听完小慧的讲解，美美老师鼓起掌来，同学们纷纷点头。大虎也搞明白了，他快速走到4号的右边，也就是6号的左边。“谢谢你，小慧！你懂得可真多！”大虎虚心地说。

美美老师发现11号的小芳有点儿闷闷不乐，问：“小芳，你怎么了？”小芳皱着眉头说：“我不想排在最后。”这时站在一旁的阿帅老师若有所思地说道：“我怎么觉得小芳是排在第1位呢！”

真的是第1位吗？小慧说：“我知道了，如果从右边数起，那小芳就是第1位了！”10号同学马上领悟了：“那我就是从右边数起的第2位了！”

“对，从左边数起是最后1位，从右边数就是第1位哦！”美美老师笑着说。原来是这样，小芳抿着嘴笑了。

“看来你们都明白了，现在，你们能用‘几或第几’出道题吗？”美美老师用鼓励的眼神看着同学们。

“我先来！广播体操比赛时，我前面有5个小朋友，我后面有6个小朋友，你们知道我这一列一共有几个小朋友吗？”小阳第一个说。

“11个吗？”“不对不对，应该是12个，5+6+1=12。不要把小阳漏掉了！”大虎这次懂了。

“我也出道题，我参加跳远比赛，当运动员们列队站好时，我数了数，发现自己从前面数起是第3位，从后面数起是第5位。你知道一共有多少名运动员参加跳远比赛吗？”小芳说道。

“8名！”“7名！”同学们七嘴八舌地说。

“究竟是7名还是8名呢？”美美老师反问。

“我有办法确定，我们可以画一个简单的队伍图，用圈圈对应每个人。涂色的代表小芳。”小慧的办法真多。

“这样画真的很清楚哎！只要从前往后数一下就知道一共有7名运动员了！”同学们都很喜欢画图的方法。

“同学们今天的表现特别棒！”美美老师对同学们的表现很满意。

趣味链接

小故事

从前有个人长时间没吃东西，他很饿。走着走着，他看到一家包子店，他非常高兴，一连吃了4个包子，但他感觉还没有吃饱，于是，他又吃了第5个包子，刚吃完，他就觉得饱了。此人后悔道：“早知道这样，我只买第5个包子就好了！”

同学们，听了这个故事后，你能用“几和第几”来说一说你对这个故事的理解吗？

8
数的分与合

插花的不同情况

今天美美老师捧着一束漂亮的鲜花走进了教室，人花相映，引起一阵轰动。

“哇！老师，这束花好漂亮呀！”

“老师，这束花和您真相配！”

美美老师听了同学们的夸奖，乐开了花。她从储物柜里拿出两个玻璃花瓶，放在讲台上说道：“谢谢同学们的夸奖，我打算把这束花摆在教室里。这束花里有7朵康乃馨、8朵百合花、10朵玫瑰花。请大家想一想，把这束花插到花瓶里，有哪些插花方案呢？”

美美老师的提问，让同学们都陷入了沉思。

小阳第一个举手说：“老师，我想的是百合花的插花方案。8朵百合花，要插在2个花瓶里，就是想8可以分成几和几。数学课上，我们研究过，8

点睛之笔

8可以分成几和几，先从1和7开始想，有顺序地思考，不容易遗漏，也不会重复。

可以分成 1 和 7，2 和 6，3 和 5，4 和 4。所以，我认为百合花的插花方案一共有 4 种。”

美美老师笑着说：“小阳用数学课上学到的知识，来解决生活中的插花问题，很了不起。看来，百合花的插花问题解决了，还有两种花，谁来帮帮忙？”

小慧说：“老师，我来解决康乃馨的插花问题吧。康乃馨一共有 7 朵，我们都知道 7 可以分成 1 和 6，2 和 5，3 和 4。所以康乃馨的插花方案一共有 3 种，同学们认可我的方案吗？”

“认可——”同学们纷纷回应。美美老师点点头说：“小慧的思路非常清晰，说得也很好，我们一下子就听懂了。小芳，你能帮我解决 10 朵玫瑰花的插花问题吗？”

“没问题，老师。”小芳走到讲台上，一边在黑板上写，一边讲解：“玫瑰花一共有 10 朵。同学们还记得 10 可以分成几和几吗？我们一起有序地说一说吧。”

在小芳的引导下，同学们一起回顾了 10 的分与合：10 可以分成 1 和 9，2 和 8，3 和 7，4 和 6，5 和 5。小芳在黑板上写下了 5 种

10 的分解的方法。她指着黑板说:“10 朵玫瑰花，可以有 5 种不同的插花方案，同学们看懂了吗？”

“看懂了——”同学们齐声回答。

美美老师竖起大拇指:“你们太能干了，帮老师解决了一个大问题。待会儿下课后，就请你们动手插一插吧。”

1 评评有理

我们可以发现，组成 10 的两个数一个数越来越大，另外一个数就越来越小，因为它们的和没有变，都是 10。

9
10 以内的加减

加法真奇妙

“叮铃铃……”上课了。“同学们，欢迎你们来到加法世界。”阿帅老师说。

“加法？太简单了，我们都会。”小慧说。

“你们能告诉我，加法究竟是什么吗？”阿帅老师追问道。

小慧比划着：“加法就是把两部分合起来，比如把左手的花和右手的花合到一起。”

大虎接着说：“像小青蛙跳格子，先跳 2 格，再跳 3 格，一共跳了 5 格。小青蛙不停地跳下去，我们就要把数一直相加。”

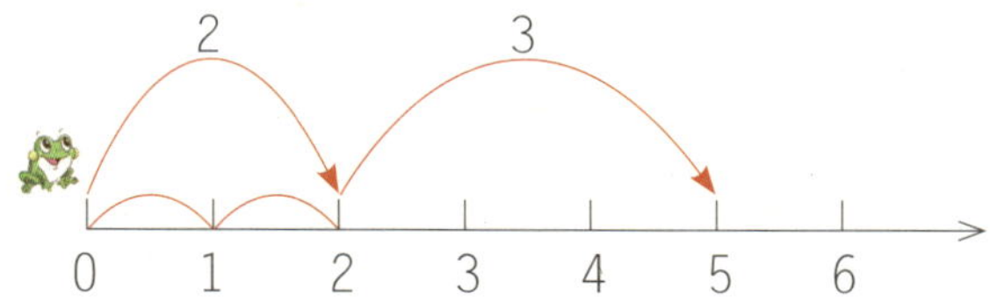

阿帅老师点点头：“如果我摘了 1 朵红花、1 朵蓝花、1 朵黄花，我一共摘了几朵花？颜色不一样的花可以相加吗？”

“这 3 朵花可真烦人，怎么颜色不一样呢？”大虎抱怨道。

小慧说：“3 朵花，它们都是花，不用管它们的颜色，1+1+1=

3（朵）。”

小阳接着说：“嗯嗯，3 个红苹果和 2 个绿苹果合起来是 5 个苹果，5 朵红花和 1 朵白花合起来是 6 朵花。”

阿帅老师提了一个古怪的问题：“3 只小鸭和 2 只小鸡可以相加吗？”

“不管颜色没有用啦，怎么办呢？”大虎挠着头说，“真伤脑筋。”

小慧说：“它们有什么相同的地方，让我想一想，哦！它们都是小动物，可以相加！”

“5 只小动物，我太喜欢这个说法了，先不考虑是鸡还是鸭，它们都是小动物，共有 3+2=5（只）小动物。”小阳有点儿激动，嗓门都大了，“小慧，你真棒！可以将不同的物品变成同类的物品。”

点睛之笔

加法的意义是将同类物品合起来。比如，可以把小鸡和小鸭都看成小动物，这样它们的数量就可以相加了。

阿帅老师又拿出几个苹果，左手 3 个，右手 1 个：“你们帮我看一看，表示 3+1=4 的图，我该选哪幅呢？”大屏幕上出现了几幅图。

3 + 1 = 4

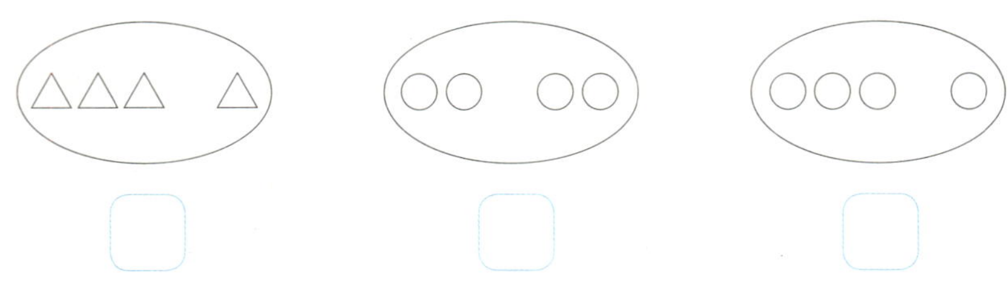

大虎说：“选第 1 幅，3 个△和 1 个△合起来是 4 个△。”

“也可以选第 3 幅，3 个○和 1 个○合起是 4 个○。我觉得这两幅图都可以。”小芳接着说。

小阳说：“表示 3+1=4 的图可多啦！肯定不止这两幅。还可以这么画……”他很快用别的符号画出了几幅图，不过他都是先画 3 个符号，再画 1 个符号。

“3+1=4 这个算式你们在哪里用过呢？”阿帅老师想听一听其他同学的想法。

“停车场有 3 辆汽车，又开来 1 辆，现在有几辆车？可以用 3+1=4。”

“妈妈买了 3 个梨，后来又买了 1 个梨，一共有几个梨？也可以用 3+1=4。”

“盘子里有 3 个苹果，盘子外有 1 个橘子，一共有几个水果？也可以用 3+1=4。”

……

同学们七嘴八舌地说起来，3+1=4 可以表示的意思还真不少。阿帅老师冲同学们竖起了大拇指。

文化链接

“+”“-”是 15 世纪德国数学家魏德曼创造的，他在横线上加一竖，表示增加；从加号中去掉一竖，表示减少。

有趣的加法表

美美老师手里拿着一些算式卡片，让同学们用“开火车”的方式进行口答，回答正确的同学就能获得算式卡片。同学们的积极性很高，一轮“火车”开下来，每个人都获得了算式卡片。美美老师又让同学们集体口答了一些算式，并将它们写到了黑板上：“请同学们仔细观察，看看这些算式有什么共同点？”

大虎站起来自信地回答：“这些算式都是10以内的加法算式。”

“谁能把算式分分类？”美美老师话音刚落，小阳就举起手，说：“第一个加数是1的算式分一类，第一个加数是4的算式分一类。”于是，黑板上便整齐地出现了两列算式。

“我们任命‘1+1’和‘4+1’分别是每列算式的队长，如果第一个加数从1～9都按这种形式排列，你们想一想第2列的队长会是什么？其他几列的队长呢？”美美老师问道。

“我知道，我知道！”小芳喊道：“其他几列的队长分别是 2+1、3+1、5+1、6+1、7+1、8+1、9+1。”

美美老师说：“现在我们来玩一个有趣的游戏。请拿到 1+1、2+1、…、9+1 这些算式卡片的同学做队长，其他同学根据手中的算式卡片快速找到你的队长，大家准备好了吗？预备——开始！”只见同学们迅速找到了各自的队长，只有大虎在教室里徘徊。

1+9								
1+8	2+8							
1+7	2+7	3+7						
1+6	2+6	3+6	4+6					
1+5	2+5	3+5	4+5	5+5				
1+4	2+4	3+4	4+4	5+4	6+4			
1+3	2+3	3+3	4+3	5+3	6+3	7+3		
1+2	2+2	3+2	4+2	5+2	6+2	7+2	8+2	
1+1	2+1	3+1	4+1	5+1	6+1	7+1	8+1	9+1

“大虎，你遇到了什么困难？”美美老师亲切地问。

“我找不到队长了。”大虎委屈地说。

“你仔细看看黑板上的算式，每一列算式都有什么共同点呢？”美美老师耐心地引导大虎。

“哦，它们的第一个加数都一样。我知道了，我拿到的是 6+3，我的队长应该是 6+1。”大虎恍然大悟。

“老师，为什么我没有队员呀？”小阳看到其他队长都召集到了队员，他有点儿失落。

“因为 9+2 不是 10 以内的加法啦。”小慧帮忙解围。

美美老师看到同学们既快速又准确地完成了任务，便奖励给大家每人一张加法表。

“你们太能干了。现在每位同学都拿到了刚才我们玩游戏时排列成的加法表，你们能从中找到哪些规律呢？”美美老师用期待的目光看着同学们。

加法表中藏着什么规律呢？按照怎样的顺序找规律？怎样来表达发现的规律呢？会不会心里明明知道这个规律，却不知怎么说出来？

小慧第一个举手说：“从左往右看，第一个加数依次加 1，第二个加数不变，它们的和依次加 1。”

小芳听了小慧的发言，受到启发，立马说：“从下往上看，第一个加数不变，第二个加数依次加 1，它们的和依次加 1。”

“是啊，不仅如此，如果我们取出 2+3 和 4+3 这两个算式观察，它们的和与加数之间存在什么关系呢？”美美老师再次发问。

“第一个加数增加 2，第二个加数不变，它们的和也增加 2。”大虎笑着说。

“对呀，用一句话来说，就是加数增加几，和就增加几。不信，你们任意从同一行或同一列中找两个算式试一试。反过来，一个加数不变时，另一个加数减少几，它们的和就减少几。”美美老师总结。

小阳也在积极地思考，他发现了斜着看的规律：“从左上往右下斜着看，第一个加数每次加 1，第二个加数每次减 1，它们的和不变。”

美美老师取出 3+6 和 4+5 的卡片，问：“这两个算式的和一样吗？”

“一样，都等于 9。”同学们齐声回答。

“这是为什么呢？”美美老师问。

同学们思考了片刻，发现了算式中的奥秘。小慧说："第一个加数增加 2，第二个加数减少 2，一加一减正好抵消了，所以和不变。"

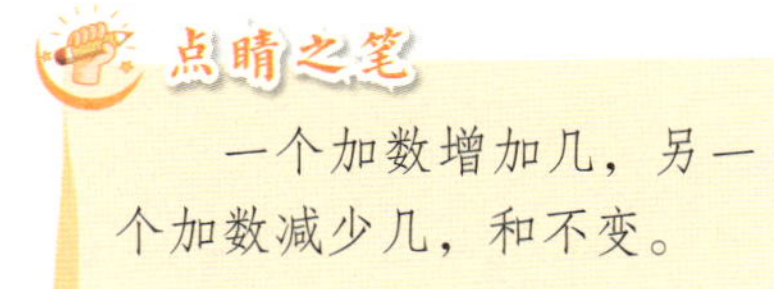

看同学们学得不错，美美老师奖励同学们再玩一个"我是小天平"的游戏。

美美老师拿出数字天平，在天平的左边挂上 3+6："要使天平保持平衡，右边要挂哪个算式呢？"

许多同学犯了难，同学们开始窃窃私语。小慧站起来说："我们只要根据刚才斜着看的规律，就可以快速找到答案。这里的答案可不止一种哦。比如，先确定第一个加数，如果第一个加数是 1，第一个加数减少了 2，那么第二个加数就要增加 2，6+2=8，所以右边要挂 1+8。如果第一个加数是 2，那么第二个加数就是 7，以此类推，就能找到所有的结果啦。"同学们纷纷为小慧鼓掌。

美美老师笑着说："现在，游戏的难度再次升级。你们能找到几个像□+□=□+□这样的算式呢？"同学们有了刚才的经验，埋头算起来。不一会儿，便找到了答案。

你能写出方框中可以填的所有算式吗？试一试吧！

评评有理

在加法表里横着看，竖着看，斜着看，甚至拐着弯看，都会发现算式中的规律。我们不仅要知道规律是什么，还要能解释为什么有这样的规律。

算式天平大闯关

“叮铃铃……”上课铃响了。

阿帅老师在黑板上写下了上节课美美老师布置的思考题□+□=□+□，笑着问：“有同学想出答案了吗？”

同学们都积极举手发言。

阿帅老师请大虎回答，大虎一气口说出许多算式，其他的同学纷纷点头：“这个算式我也有。”

“这些算式都是对的，就是感觉没有按顺序排列，不知道是否有遗漏。”小阳的话引发了同学们的思考。

阿帅老师不紧不慢地说：“你们都非常善于思考，谁还有更好的找算式的方法呢？”

这时，小慧自信地站起来说：“上节课，我们已经找到了加法表中的奥秘，其实，利用这个奥秘就可以快速解题了。我们把等号想象成一架天平，要保证左边两个数的和与右边两个数的和一样，我们可以从‘和’入手。因为我们现在学习的是 10 以内的加法计算，所以两边的数的和不会超过 10。我们先假设和是 10，利用 10 的分解，可以找到 1+9、2+8、3+7、4+6、5+5 这几个算式，任意选择 2 个，就可以列出等式了，然后我们再从和是 9、8、7…入手，继续思考。”

小阳听了连连点头，他认为按照小慧的方法找算式更科学。

阿帅老师看同学们都听懂了，便继续问：“我们就以和等于 10 为例来填，可以写出几个算式呢？你们能写全吗？”

同学们静静地思考着，几分钟之后，阿帅老师让同学们在小组内进行交流，看一看大家的结果是否相同。

> **点睛之笔**
>
> 从“和”入手，可以找到问题的突破口。无论从哪方面入手都要有序思考。

小芳用有序思考的方法第一个找到了所有算式，她先确定一个算式不变，然后再找出其他可以和它匹配的算式，按照这种方法，她找到的算式有1+9=2+8，1+9=3+7，1+9=4+6，1+9=5+5，2+8=3+7，2+8=4+6，2+8=5+5，3+7=4+6，3+7=5+5，4+6=5+5，一共 10 个。

聪明的同学们，你们能否用这样的方法找一找其他算式呢？赶快试一试吧！

你能有序思考吗——给和为 9 的方框填数

“每周五的数学课，阿帅老师都会给大家出一些稀奇古怪的题，不知道今天阿帅老师又会出什么题。”大虎一边整理桌面，一边念叨着。他抬头一看，阿帅老师已经站在讲台上了。大虎机灵地朝老师笑了笑，就赶紧坐好了。

阿帅老师不慌不忙地在黑板上写下“9=□+□”，让同学们从 1 ~ 9 中，选择两个不同的数填入方框中，看看有哪些不同的填法。

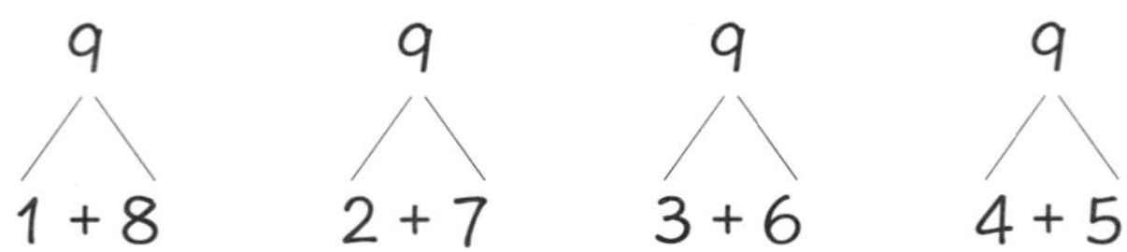

“不会吧！今天的题目这么简单，不就是问 9 可以分成几和几嘛。”大虎抢着说，“9 可以分成 1+8、2+7、3+6、4+5，有四种不同的填法。”

“大虎很棒！有序地说出了四种不同的填法。”阿帅老师表扬了大虎。

“现在增加一个方框，题目变成 9=□+□+□，要求每个方框中的数字不相同，你们还会填吗？又有哪些不同的填法呢？”阿帅老师布置完任务，让同学们独立思考自主完成。

9 = □ + □ + □

不一会儿，同学们做完了，纷纷举手发言。

小芳说：“9=1+2+6、9=1+3+5，有两种不同的填法。”

“对！对！因为 9=1+8，可以把 8 拆成 2+6、3+5、4+4，由于 4+4 数字相同不满足题目要求，所以就两种填法。”小阳语气坚定地说。

大虎听了小阳的发言，觉得很有道理，但是自己写的算式 9=2+3+4，也成立啊！大虎连忙说：“我还有一个答案是 9=2+3+4。”

小慧的手已经举了很长时间，阿帅老师却没有请她回答。阿帅老师继续问：“请同学们想一想，到底有几种不同的填法？如何才能做到不遗漏、不重复呢？”

“我知道！我知道！”小慧人都要跳起来了。阿帅老师还是没有请小慧发言，而是请了规规矩矩举手的小芳回答。

$$
\begin{aligned}
9 &= 1 + \square + \square \\
&= 2 + \square + \square \\
&= \cdots\cdots
\end{aligned}
$$

“我明白了，我先填的前两个方框，第一个方框填 1，第二个方框分别填 2 和 3，填完我以为就没有其他答案了。现在我发现，第一个方框除了填 1，还可以填 2、填 3……因此还可以列出 9=2+3+4 的算式。”小芳说。

大虎心想：“小芳的方法不错，但是小阳的拆分感觉也有道理啊！还没等大虎想出个所以然，小阳憋不住了。

“我觉得我的拆分法可以继续完善，刚才我只拆分了 9=1+8 中的 8，还要考虑 9=2+7，可将 7 拆分成 3+4。”小阳激动地说。

“小阳，你为什么不继续拆分 3+6 和 4+5 呢？”大虎憨憨地问。

小阳回答：“如果拆分 3+6 和 4+5，答案还是 1+2+6、1+3+5 和 2+3+4，与拆分 1+8 和 2+7 的答案重复了。”

“对！拆分时会出现重复的情况。”小芳说道。

“有的同学用的拆分的方法，有的同学用的先确定第一个加数的方法，现在请小慧说说自己的想法吧！”阿帅老师终于请小慧发言了。

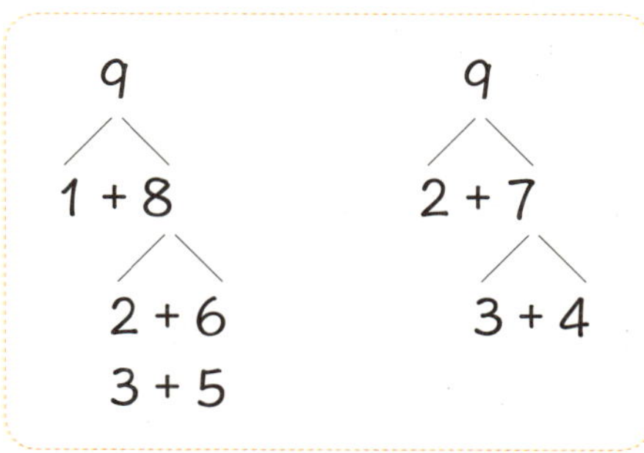

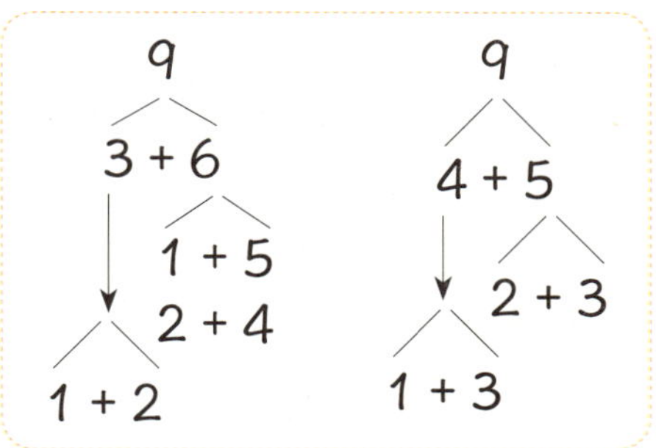

“听了同学们的发言，我觉得小阳的拆分法有点儿麻烦。”小慧一边说一边展示，右边两组算式无论怎么拆分，结果都与左边两组算式的拆分方法重复。

小慧又说：“我和小芳想的方法一样，9=□+□+□，先看第一个方框，从小到大思考，先填1，即1+□+□，再填2，即2+□+□……先确定第一个方框里的数，再思考第二个、第三个方框里的数，后面方框里填的数都要比前面方框里的数大，这样就不会出现重复的算式了。”听了小慧的发言，同学们不由地鼓掌表示赞同。

$9 = 1 + 2 + 6$ ✓
$= 1 + 3 + 5$ ✓
$= 1 + 4 + 4$ (数字重复)

$9 = 2 + 3 + 4$ ✓
$= 2 + 4 + □$ (×)

$9 = 3 + 4 + □$ (×)

“同学们很棒！你们还想继续挑战吗？”阿帅老师又想出了新的问题。他把黑板上的两个“9”擦去一个，将两个算式连在了一起。

$$9 = □ + □ = □ + □ + □$$

“从1～9中选择不同的数填入方框中，每个数只能使用一次，使等式成立。”阿帅老师提出了更有挑战性的问题。

“换汤不换药！”同学们异口同声地说。

大虎抢着说：“我先确定左边的算式，再去想右边的算式，如果左边填1+8，那么右边就可以填2+3+4，这样想下去，就能把所有答案都找出来了。”大虎有理有据地说出了他的想法，着实让同学们刮目相看。

9 = 1 + 8	1 + 8 = □ + □ + □
= 2 + 7	2 + 7 = □ + □ + □
= 3 + 6	3 + 6 = □ + □ + □
= 4 + 5	4 + 5 = □ + □ + □

顺着这样的思路，同学们很快都有了答案，抢着要回答。最终，小阳抢到了发言的机会，他有条不紊地罗列出了所有的答案：9=1+8=2+3+4，9=2+7=1+3+5，9=4+5=1+2+6。

“怎么缺了 3+6 这一组啊？”小芳问道。

小慧说：“如果左边填 3+6，那么剩下的数字是 1、2、4、5、7、8、9，就找不到三个不同的数之和是 9 了。”

9 = 1 + 8	1 + 8 = 2 + 3 + 4	1、2、3、4、5、6、7、8、9
= 2 + 7	2 + 7 = 1 + 3 + 5	1、2、3、4、5、6、7、8、9
= 3 + 6	3 + 6 = □ + □ + □	舍去 1、2、3、4、5、6、7、8、9
= 4 + 5	4 + 5 = 1 + 2 + 6	1、2、3、4、5、6、7、8、9

小阳接着说：“老师，是不是和为 9，限制了我们的结果数量？如果把和为 9 这个条件去掉，那结果是不是有很多呢？”

阿帅老师满意地笑了笑，说：“你们很善于学习和反思，不仅学会了如何有序地思考问题，避免了结果的重复和遗漏，还能拓展思路，思考更加复杂的问题。”

“如果去掉和为 9 这个条件，我们又如何有序思考呢？又有哪些结果呢？请同学们课后动手试一试吧！”阿帅老师顺着小阳的问题，给同学们出了一道课后思考题。

$$\square + \square = \square + \square + \square$$

大虎马上在草稿本上画好方框，选了几个数字试，果然找到了几个不同的答案。但是烦恼也来了，好像答案有很多，这样一个个试下去，多费事啊！他为难地问道：“老师！您这个问题答案太多了，这怎么办呢？”

“大虎，不用着急！你可以先确定和，然后用今天学的有序思考的方法，一定能找到全部答案！”阿帅老师一边拍拍大虎的肩膀，一边激励他说。

“叮铃铃……”下课铃响了！

同学们纷纷围住小慧讨论起来。亲爱的同学们，你们知道他们会说些什么吗？你们有什么好的方法可以和同学们分享呢？赶紧试一试吧！

文化链接

在我国的西北地区，人们用 10 以内的加法设计了一款游戏——猜拳。玩法是两人用手指展示出的手势对应 0 到 5 的某一个数。游戏时，两个人同时伸出手指并喊出一个 10 以内的数字，哪一方说出的数字与双方所伸手指的总数相同，那一方就是赢家，如果两人喊的数都对或者都不对，则没有胜负，重新进行下一轮游戏。比如，甲出手势 5，喊 8；乙出手势 2，喊 7，这一局乙赢。

10

20以内的进位加法

神奇的凑十大法

今天，美美老师一进教室就和同学们玩起了凑十游戏。美美老师伸出 3 根手指说道：“我出 3，你们要出几呢？”

同学们异口同声地回答：“7。”

“我出 6 呢？”“4，这可难不倒我。”大虎第一个喊道。

“我再来考考你们。”美美老师在黑板上写了 3 道题。

9+1+5=　　　　8+9+1=　　　　3+1+9=

“谁能快速算出答案？”美美老师话音刚落，小慧举起手报出了得数。

“小慧，你是怎么算出 8+9+1=18 的呀？”美美老师问。

小慧说：“我先算 9+1=10，再算 10+8 就是 18 了。”

“太厉害了！”小芳不禁赞叹。

“我还在为 8+9 等于几犯愁呢，小慧已经算好了。”小阳说。

“哈哈，真棒！看来 10 真是我们的好朋友，它能把复杂的计算变得很简单。”大虎高兴地说。

第二天，学校举行运动会，阿帅老师买了一箱牛奶给同学们补充体能，大家刚准备上前拿牛奶，就被阿帅老师挡了下来：“同学们，别着急，答对问题的同学才能获得牛奶。”

“什么问题呀？”大虎憨憨地问道。

“我手里拿着 3 瓶牛奶，箱子里还有 9 瓶牛奶，请问这一箱牛奶一共有多少瓶？”阿帅老师问。

“这个问题简单，9 瓶加上 3 瓶呗！9、10、11、12，一共有 12

瓶。”大虎自信地数着说。

“还有不同的计算方法吗？”阿帅老师笑眯眯地说。

这时，小慧站出来说：“从 3 瓶里拿出 1 瓶，跟 9 瓶凑成 10 瓶，老师手里还剩 2 瓶，10+2=12。”

“真的是这样吗？我请一位同学过来凑一凑吧。”阿帅老师请离他最近的小芳上前。

小芳从阿帅老师手里拿走 1 瓶牛奶，放进了箱子里，这时箱子里的牛奶变成了 10 瓶，同学们看了一眼老师手里剩下的 2 瓶牛奶，恍然大悟。

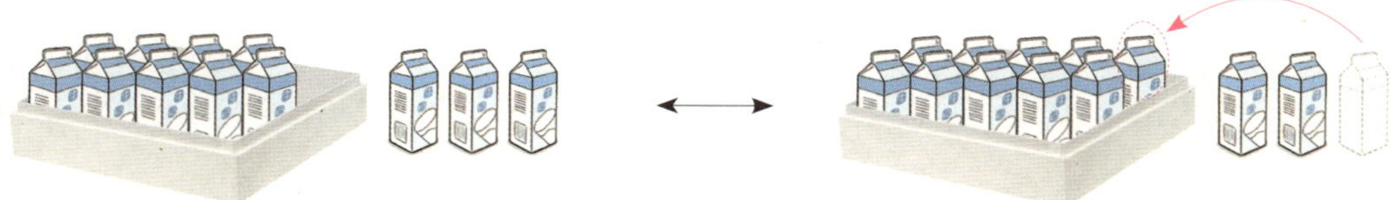

“原来，我们要解决 20 以内的加法问题，也可以用凑十的方法。”美美老师在一旁补充道。

“是啊，和 9 凑十的 1 是哪里来的呢？”阿帅老师追问。

“我知道，是从 3 里拿出来的。”小阳兴奋地说。

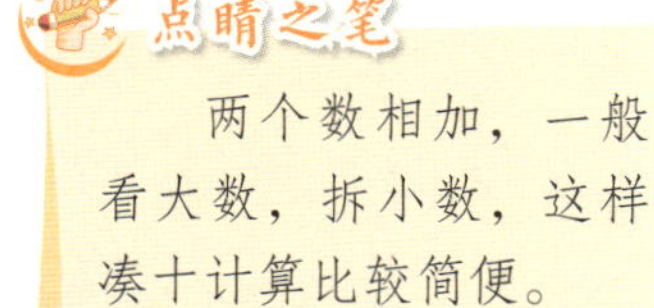
点睛之笔

两个数相加，一般看大数，拆小数，这样凑十计算比较简便。

阿帅老师看到同学们能结合实物解释算理，十分欣慰。

在阿帅老师的鼓励下，同学们在运动会上取得了骄人的成绩。回到教室，阿帅老师让同学们快速计算他们班各个项目的总得分。

9+7=　　9+5=　　9+9=　　9+3=

同学们用今天学到的方法，很快就计算出了得数。

9+7=16　　9+5=14　　9+9=18　　9+3=12

阿帅老师说："你们算得又快又正确。请你们仔细观察这些算式，你们有什么发现？"

大家沉默了片刻，突然一个声音打破了安静。只见小慧拿起一支红色的笔，把第二个加数和得数的个位数涂成了红色。

9+7=16　　9+5=14　　9+9=18　　9+3=12

看到小慧涂色后的算式，越来越多的同学发现了其中的奥秘。凡是9加几的算式，得数的个位数都比第二个加数少1。这也太神奇了！

同学们开始小声交流着，小芳举起手，轻声说："我觉得跟9有关，所有算式中的第二个加数，都需要拿出1给9才能凑十，所以得数十几的几自然就比第二个加数少1。"

"说得太好了！掌握了这个特点，我们就能又快又准确地计算9加几了。"美美老师称赞道。

善思好问

为什么9加几的算式，得数的个位数都比第二个加数少1？你能解释清楚吗？

"那8加几的算式，结果又有什么规律呢？"阿帅老师总是给同学们出难题。

小慧大声说："8加几的算式，得数的个位数一定比第二个加数少2，因为要从第二个加数中拿出2才能和8凑十。"教室里响起了热烈的掌声。

看到同学们能灵活运用知识，阿帅老师和美美老师都很高兴。

亲爱的同学们，你们还发现了进位加法中的哪些秘密？不妨与小伙伴交流一下吧！

思维碰碰车

今天的数学课要玩同学们最喜欢的“思维碰碰车”。

美美老师在黑板上写了一道题：“选择 0 ~ 9 中的数填入圆圈中，使每条线上三个数的和等于 15。”

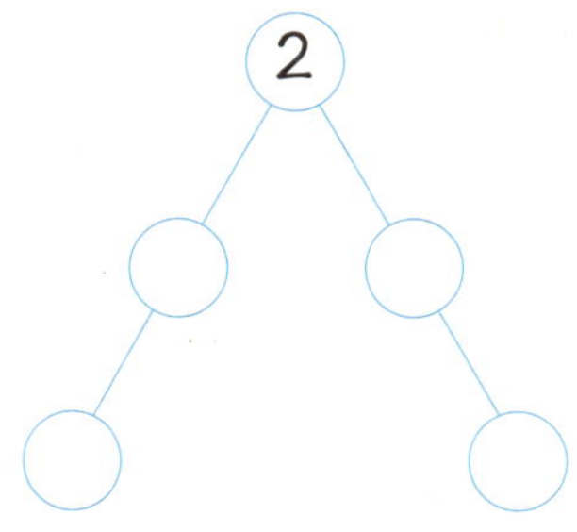

美美老师的话音刚落，很多同学便举起了手。美美老师示意同学们不要着急，想一想一共有多少种不同的答案。

几分钟过后，同学们开始讨论起来，大家在小组里分享自己的解题思路，看上去这道题难不住大家。

又过了几分钟，美美老师说：“现在，有哪位同学愿意分享一下你的思路？”

点睛之笔

每条线上数的和是 15，看到已经填的数是 2，能够推理出剩下的两个数的和是 13，这种推理方法很棒。当然，也可以尝试着先填一个数，比如 4，然后根据三个数的和是 15，与已经有的 2，求出另一个数是 9。第二种方法显然没有第一种方法简洁明了。

小阳第一个举手，他走到黑板前，像个小老师一样开始讲。小阳说：“要使每条线上三个数的和是 15，已知条件是每条线上的三个数中已知一个数 2，15−2=13，也就是让每条线上剩下的两个数加起来等于 13 就可以了。因为填进去的数在 0 ~ 9 中，所以填入的数字不能超过 9，根据 13 的分解，能找到答案：13=4+9，13=5+8，13=6+7。”

“这个方法真不错！”美美老师对小阳大加赞赏。

接下来，题目难度升级了，数字 2 不见了。

有的同学在奋笔疾书，有的同学在皱着眉头思考。

大约 10 分钟后，美美老师发现小慧、小芳都举起了手，大虎的草稿本上仍旧一片空白。

美美老师请小慧分享自己的解题思路，小慧首先向同学们抛出了一个问题：“你们觉得这道题中我们应该先确定哪个圆圈中的数？”

小芳说：“两条线交汇处的那个圆圈中的数，因为这个圆圈既属于左边那条线，又属于右边那条线，它最特殊。”

“是啊，那这个圆圈中我们可以填哪些数呢？”小慧继续问。

“最小可以填 0，最大可以填 9。”小阳说。

这道题的思路越来越清晰，只要确定两条线交汇处那个圆圈中的数，剩下圆圈中的数就可以用刚才的方法，轻松找到了。

“同学们真厉害！做题前，你们先找到了解题思路，这很关键。”美美老师很满意同学们的表现。

大虎也想明白了，你也动手试试吧！

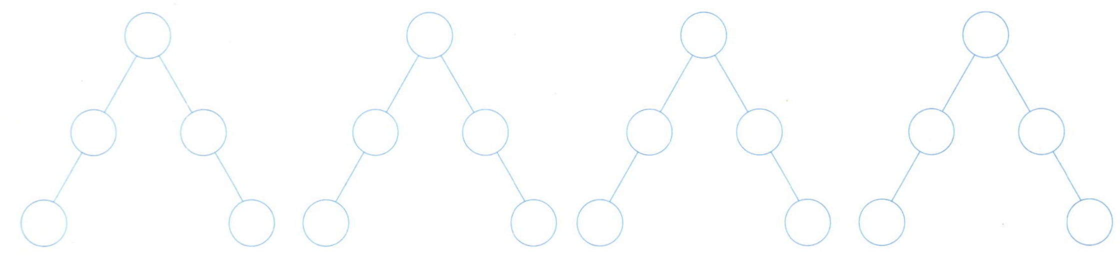

翻倍与折半

自从同学们学习了加法后，班级里就掀起了狂热的“口算风”，每位同学都想与其他同学比一下。

这天，阿帅老师走进教室，脸上带着一抹神秘的微笑。只见他从身后拿出一沓口算卡片，同学们都争先恐后地进行抢答。

大虎最先说：“2+2=4，1+4=5，5+7=12，6+6=12，2+3=5，4+5=9，4+4=8，6+9=15，3+3=6，5+5=10。”

阿帅老师欣慰地说：“大虎的进步可真大！”

这时，小慧突然说：“我发现这些算式有些很特别！”

小阳也反应过来了：“有的算式的两个加数是相同的！”

“是啊，是啊！”小芳一边指着算式一边说，“2+2、3+3、4+4、5+5、6+6 这五道算式的两个加数都是一样的！”

大虎恍然大悟道：“对呀！其他算式的两个加数都不一样！”

阿帅老师听同学们你一言我一语地说着，忍不住夸道：“你们已经在为这些算式分类了！真能干！”

真是一语点醒“梦中人”啊！大虎激动地把桌上的口算卡片重新摆了一下，这样看得更加清楚了。

2+2=4	3+3=6	4+4=8	5+5=10	6+6=12
1+4=5	5+7=12	2+3=5	4+5=9	6+9=15

阿帅老师指着“2+2=4”算式中的 2 和 4 说：“你们知道 2 是怎么变成 4 的吗？”同学们你看看我，我看看你，不知道怎么回答。

阿帅老师朝同学们眨眨眼睛，卖起了关子：“你们看，我还会变魔术！”说着他从口袋里拿出一张印着 2 个小苹果的卡片，只见他从后面翻了一下卡片，卡片上多了 2 个小苹果。

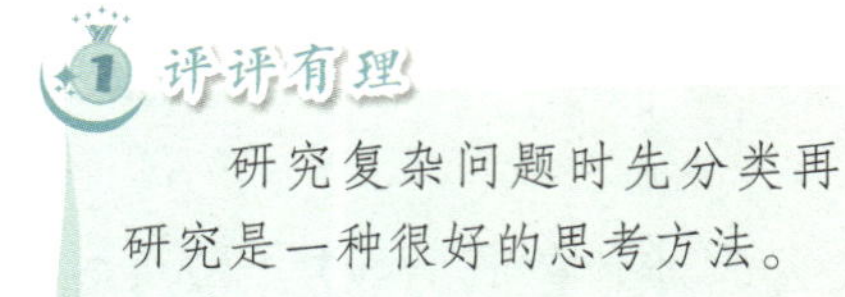

大虎忙喊："2 个变成 4 个了！"

阿帅老师看着同学们，耐心地为同学们解惑："这里有 2 个苹果，我们把它翻一倍，就变成了 4 个，我们就说 2 翻倍是 4。"

小慧指着算式说："原来有 2 个，增加 2 个，变成了 4 个。其实魔术说的就是这道算式！"

小阳说："我还发现，增加的苹果数与原来的苹果数一样多！"

小芳把苹果卡片拿在手上捣鼓了一番，突然灵光一现："不仅 2 可以变成 4，如果像这样往里面折，4 还可以变成 2！"

大虎激动地说："这样就反过来了！"

阿帅老师说："小芳和小虎探索出了新的魔术！真厉害！我们把这个过程叫作 4 折半是 2。"

这时，小慧在黑板上写下一道算式"4−2=2"，说："这个过程我能用一道减法算式表示出来！"

小阳说："我发现减去的数和剩下的数一样，结果变成了最开始那个数的一半！”

小芳拿起另一张苹果卡片，心想：“可不可以再变一变呢？有了！”她举着一张新卡片一边翻一边说：“像这样，就可以说3翻倍是6！”

大虎顺着小芳的思路，也拿起一张卡片说：“反过来，就变成了6折半是3！”

阿帅老师不由得感叹道：“同学们的魔术真是学到家了！还能自己变出新花样！太厉害了！”

阿帅老师说：“我们不仅可以翻一翻、折一折，还可以贴一贴。你们看，这里有一些苹果贴纸，你们能自己把这些贴纸贴到空白的纸条上吗？”

话音刚落，同学们就动起手来。小阳最先贴好了一条：“4翻倍是8，8折半是4。”

“我有不一样的！”大虎连忙高高地举起自己的劳动成果给同学们看，“5翻倍是10，10折半是5。”

阿帅老师说：“你们知道翻倍到底是什么意思吗？”

大虎举起一张苹果纸条边翻边说：“就像这样，翻出自己的一倍，就是翻倍。”

小芳说：“也可以说，增加的数与原来的数相同。”

阿帅老师说：“你们说得太好了！可以使用动作和算式里的数解

释翻倍，那么折半呢？”

大虎把纸条往里一折，说：“就是折为自己的一半。”

小芳说：“减少的数与剩下的数相同，就是折半。”

小阳说：“还可以这样想，折半就是把一个数分成两个相同的数，取其中的一个数。”

阿帅老师接着问：“翻倍与折半有什么关系呢？”

小慧说：“相反的关系。”

阿帅老师微笑地看着同学们，说：“用翻倍和折半，我们还可以做手指操呢！就像这样——”同学们学着阿帅老师的样子，一边做手指操一边说：“1 翻倍是 2，2 翻倍是 4，3 翻倍是 6，4 翻倍是 8，5 翻倍是 10。指尖上的数学真奇妙！”

小慧说：“我们除了可以用苹果纸条表示翻倍和折半，还可以用圆纸片摆一摆！”

小阳说：“对！可以摆成一行，一边摆一半！”

小芳说：“是啊！除了可以摆成一行，还可以摆成两行！”

大虎很快便摆好了，同学们看了以后，异口同声地说：“心有灵犀一点通啊！”

这时，阿帅老师又提出一个问题：“我来考考你们，几翻倍是 8

呢？怎么思考的？”

小阳说：“4 翻倍是 8。”

小慧说：“因为 8 折半是 4，所以 4 翻倍是 8。”

大虎忍不住为小慧点赞：“从折半来想翻倍真是个好方法！”

小芳说：“我们可以用翻倍和折半的关系来解决问题啦！”

阿帅老师显然是有备而来的，他拿起一张纸条说：“我又要变魔术啦！”

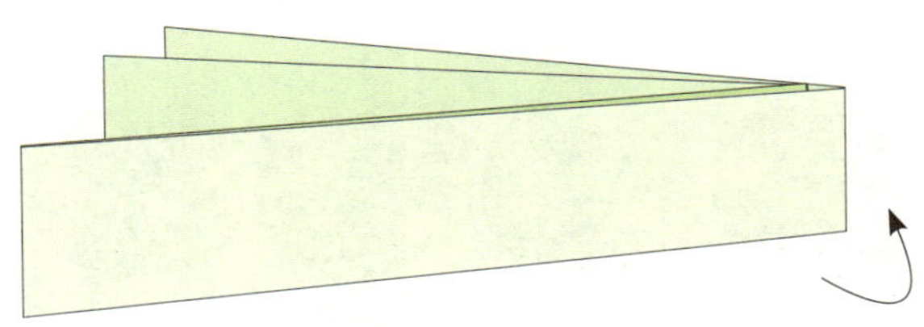

小慧连忙说：“哦！用我们今天学过的话说，这叫折半再折半！”

阿帅老师说：“没错！如果这张纸表示 20，那么 20 折半再折半是多少呢？”

小阳说：“20 折半是 10，10 折半是 5，结果是 5！”

阿帅老师说：“对啦！我们把刚才折的过程中出现的数都记录下来，得到的表就像一面墙，我们把它叫作数墙。”

大虎拍着脑袋，若有所思地问：“20 可以变成 5，那么 5 怎么变成 20 呢？”

20			
10		10	
5	5	5	5

小阳说：“5 翻倍再翻倍就变成 20 啦！”

阿帅老师点点头，用赞许的眼光看着同学们，心里高兴极了。

小慧想到一个新点子，说：“这张空白的纸可以代表 20，我觉得还可以代表 16！”

评评有理

数字也能组成一道墙，数形结合，直观形象，规律一目了然。

小芳说：“是啊，可以代表很多很多的数。”

大虎说：“对！我们可以创造很多数墙！”

阿帅老师说：“学了翻倍与折半，老师还有一个惊喜放在了小礼堂里，准备与大家分享。”

阿帅老师带同学们来到学校的小礼堂，同学们推开门的一瞬间都惊呆了。

大伙纷纷赞叹："哇！太漂亮啦！"

阿帅老师说："下个月，我们要过元旦了！老师们专门布置了小礼堂，你们能找到小礼堂里的翻倍与折半吗？"

大虎说："我最先看到了中间的灯笼，我找到了 2 翻倍是 4。"

小芳说："我看到了两边的花，找到了 9 翻倍是 18，我还从彩旗里找到了 6 翻倍是 12。"

小慧说："我看到了气球，这里面有 4 翻倍是 8，8 翻倍是 16，连起来就是 4 翻倍再翻倍是 16。"

小阳说："我看到了桌子，5 翻倍是 10，10 翻倍是 20，还可以说，5 翻倍再翻倍是 20。"

阿帅老师说："你们从学过的算式中，发现了翻倍与折半，对加法算式有了新的理解，而且在生活中也能找到它们，你们太厉害了！"

同学们，你们身边有翻倍与折半吗？请你们找一找，说一说吧！

11 比较大小、轻重，估测

比较大小

又到了游戏课时间，同学们早早地做好了准备，等着阿帅老师到来！

阿帅老师拿着3个空杯子和一些弹珠走进教室。他笑着对同学们说："今天我们玩一个猜弹珠比大小的游戏吧！"

大虎好奇地问："阿帅老师，要怎么猜呢？"

阿帅老师笑了笑说："我手上有3个杯子和6颗弹珠，只要你们回答我几个问题，我就能知道每个杯子里弹珠的个数。"

同学们都觉得不可思议。"我来试试！"小阳自告奋勇地来到讲台上放弹珠。他把弹珠小心翼翼地放到杯子里。

阿帅老师很自觉地转过身，不让自己看到杯子里的弹珠。

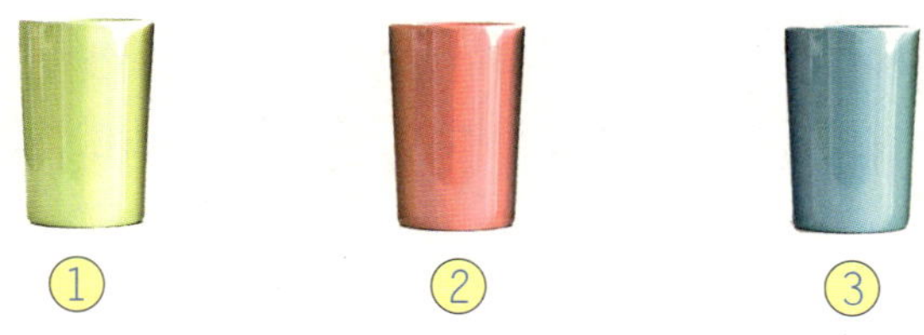

"放好了！"小阳期待阿帅老师猜出答案。

"②号杯里的弹珠数比①号杯里的多吗？"阿帅老师问。

"是的！"同学们异口同声地说。

"①号杯里的弹珠数比③号杯里的多吗？"阿帅老师又问。

"是的！"这时，同学们心里都有一个疑惑，"阿帅老师问了两个问题，就能猜出3个杯子里弹珠的数量了吗？

阿帅老师闭上眼睛想了想，说："小阳在①号杯里放了2颗弹珠，在②号杯里放了3颗弹珠，在③号杯里放了1颗弹珠。我猜对了吗？"

小芳兴奋地说："老师，您太厉害了！您到底是怎么猜对的？"

阿帅老师谦虚地笑了笑，说："我知道杯子里弹珠的数量关系，就能知道每个杯子里的弹珠颗数了。"

> **善思好问**
>
> 阿帅老师怎么猜对的呢？是靠运气蒙对的呢？还是推理出来的呢？如果是推理出来的，推理的过程是什么呢？

"你们告诉我②号杯里的弹珠数比①号杯里的多，①号杯里的弹珠数比③号杯里的多，我就知道3个杯子里弹珠的数量关系了，②号杯＞①号杯＞③号杯。"

> **评评有理**
>
> 如果弹珠的个数不是6颗，而是10颗，那么凭3个杯子里弹珠的数量关系，还能准确地做出判断吗？

小慧一拍脑袋，好像突然明白了："知道了3个杯子里弹珠的数量关系之后，就知道答案了，因为6颗弹珠只能分成3颗、2颗和1颗3种不同的数量，所以弹珠最多的②号杯里有3颗弹珠，排第二的①号杯里有2颗弹珠，弹珠最少的③号杯里有1颗弹珠。"

"哦！原来是这样！"同学们都反应了过来，原来比大小，还有这样的用处啊！

一起来玩跷跷板

上完数学课后，阿帅老师告诉同学们："请同学们放学回家后，去玩一玩跷跷板。"

大虎挠挠头问道："老师，玩跷跷板应该是体育作业吧！"

大虎刚说完，全班同学就大笑起来。

阿帅老师解释道："玩跷跷板的时候，你们就没有发现与数学有关的知识吗？请你们今天一边玩跷跷板，一边考虑与跷跷板有关的数学知识吧！”

同学们对今天的数学作业非常感兴趣，一放学大家就相约去玩跷跷板了。

大虎、小慧和小芳住在同一个小区，他们小区的健身区就有一个跷跷板。

大虎第一个坐在跷跷板上，他对小慧、小芳自信地说：“你们俩随便谁坐在跷跷板的另一边，绝对都是我赢！”

小慧坐上去，大虎一动不动，小慧就是压不下去，大虎骄傲地说：“怎么样？我赢了吧！”

小慧不服气：“我们是来玩跷跷板的，又不是比体重的！”

小芳说：“小慧，你下来，让我试试。”

可是，小慧和小芳谁都不是胖胖的大虎的对手。她们俩商量了一下，对大虎说：“我们知道怎么赢你了。”

> **善思好问**
>
> 怎么样才能把大虎翘起来呢？要翘起大虎，就必须找一个比大虎重的人坐在跷跷板的另一边，可是去哪里找这样的人呢？

大虎说：“怎么可能！”

小慧说：“这次要是你输了怎么办？”

大虎说：“我输了就围着小区跑10圈！”

“你可别反悔！”小慧和小芳笑着说。

只见她们俩一起坐到了跷跷板的另一边，一下子就把大虎翘了起来，两人哈哈大笑："大虎，你快去跑步吧！我们给你数着！"

大虎气呼呼地说："好吧！好吧！愿赌服输！我去跑步了！"

小慧忽然想到了什么，对小芳说："你说咱俩谁能赢呢？"

小芳想了想说："试试就知道了！"

她们分别坐在跷跷板两边后，小慧赢了。

两人开心地玩起跷跷板来，并等待大虎跑完 10 圈。

第二天上课，阿帅老师问起前一天同学们玩跷跷板的情况，大虎主动地跟全班同学分享了他们玩的情况："我和小慧玩跷跷板，我赢了。和小芳玩跷跷板，我也赢了。"

阿帅老师紧接着问："你知道这说明什么吗？"

大虎不好意思地说："我胖呗！"

"哈哈哈……"全班同学笑得东倒西歪。

小慧赶紧补充说："大虎，你应该说你的体重比我和小芳都重。"

大虎急忙点头："哦哦，对，对。老师，我知道啦！我的体重比小慧重，也比小芳重。所以玩跷跷板时，我把跷跷板压下去了。"

阿帅老师夸奖道："大虎比小慧重，小慧比大虎轻。那么，小慧和小芳玩跷跷板了吗？情况怎么样呢？"

小慧说："阿帅老师，我和小芳玩，我把小芳翘起来了。"

大虎补充说：“这说明小慧比小芳重，小芳比小慧轻。”

阿帅老师给大虎一个大大的赞：“大虎说得很对！确实如此。那请全班同学想一想，他们三个人中，谁最重，谁最轻呢？”

同学们都安安静静地思考起来，不一会儿，小阳说：“我知道啦！大虎最重，小芳最轻。因为大虎比小慧重，大虎也比小芳重，所以大虎最重。剩下小慧和小芳两人，小芳比小慧轻，所以小芳最轻。”

“也可以这样想，大虎比小慧重，小慧比小芳重，比较结果就是大虎最重，小芳最轻。”其他同学补充道。

阿帅老师说：“确实，你们说得都非常有道理！但是，小慧一会儿说她比大虎轻，一会儿又说她比小芳重。同一个人，怎么一会儿轻？一会儿重呢？难道她会变身？”

“不是的，小慧是轻还是重，要看她跟谁比。如果她跟大虎比，她比大虎轻，如果她跟小芳比，她比小芳重。”小阳回答道。

“你的思路很清晰，真不错！所以，我们不能只简单地说小慧重，或者小慧轻，这样表达并不准确。在比较轻重时，我们应该说谁比谁重，谁比谁轻。”阿帅老师说。

1 评评有理

一位在超市卖海鲜的阿姨拿来一架天平，她把 1 只螃蟹和 2 条小鱼分别放在天平两端时，天平平衡了，这说明 1 只螃蟹和 2 条小鱼一样重。当她把这只螃蟹和 4 只虾放在天平两端时，天平也是平衡的。那么 1 只虾、1 只螃蟹、1 条小鱼，谁最重，谁最轻呢？

身体上的尺子

秋高气爽，阿帅老师带着同学们去西湖边的孤山公园秋游，路过西泠桥时，他突然问大家:“同学们，你们知道西泠桥有多长吗？”

同学们都摇摇头，大虎撅着嘴说:“老师，早知道您要问我们这个问题，我就把家里的卷尺带来了。”

阿帅老师笑了:“没带尺子来，我们也可以测量呀！”

小慧说:“我知道，我们可以用身体上的尺子来估测。”

阿帅老师点点头:“是的。古代没有统一的测量工具，人们就是用自己的手、臂、足来测量长度的。相传大禹治水时，他曾用自己的身体长度作为长度标准来测量河道长度。”

听完阿帅老师的介绍，大虎上上下下打量着自己，一脸疑惑地问:“身体上的尺子在哪里呢？我怎么看不见？”

看着大虎可爱的样子，同学们笑了。小阳说：“这个我知道。例如，一拃的长度，手掌的宽度，还有步长都是身上的尺子，都可以在生活中作为估测工具使用。”说完，他还一一比划给同学们看。

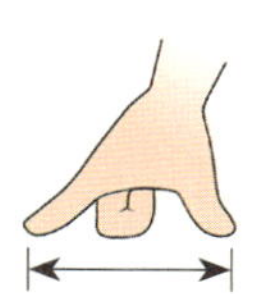

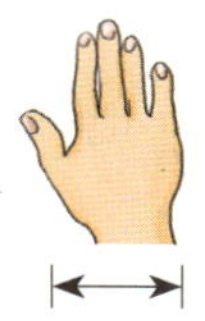

阿帅老师冲小阳竖起了大拇指：“你真棒！”阿帅老师回忆起了小时候的事情，他对同学们说：“小时候我穿的衣服都是我妈妈亲手做的，每次做衣服前，她都会一拃一拃地在我身上反复测量。当时，我只觉得痒痒的，总忍不住想笑，现在回想起来当时真幸福啊！”

说着，阿帅老师让大虎站直，双手侧平举，也一拃一拃地在他的身体上量了起来，边量边高声说：“呀，这小子又长大了，衣服的袖子要做成三拃长了。”幽默的阿帅老师把同学们都逗乐了。

大虎也难为情地笑了：“是痒痒的。”他接着问：“老师，我们是不是也可以一拃一拃地去量西泠桥的长度呢？”

阿帅老师没回答，而是转身问其他同学："你们觉得呢？"

小慧反问大虎："你觉得一拃一拃地量西泠桥的长度，方便吗？"

大虎低头沉思片刻说："不方便，桥身那么长，我要蹲着一拃一拃地量完，估计腿会酸死的！"

"那你说怎么办呢？"阿帅老师追问道。

大虎好像想到了什么，开心地说："我知道了。步长也是身体上的尺子，我从桥的这头走到那头，数数走了多少步就行了，这样又快又省力！"

"真聪明！"阿帅老师摸摸大虎的头，接着说，"我们要根据被测量物体的长度选择身体上合适的尺子，当被测量的物体较长时，用步长量会更方便，你们说呢？"同学们都点头表示赞同。"好，那我们开始量吧！"

同学们从桥的一头走到桥的另一头后，开始交流起来。大虎说："我走了 102 步。"小慧说："我刚好走了 100 步。"小芳说："我走了 105 步。"……阿帅老师却说他只走了 60 步。阿帅老师问："同学们走的步数各不相同，这是怎么回事呢？"小慧说："我知道，因为我们的步长各不相同，大人的步长比孩子的长，所以老师走的步数最少，而我们走的步数虽然不同，但比较接近。"同学们都为小慧鼓起掌来。阿帅老师接着说："同一座桥，因为我们的步长不完全相同，所以走的步数也不同。这也是后来人们为什么要统一测量单位的原因。"

"啊！"大虎皱着眉头说，"走了半天，我们还是不知道西泠桥大约有多长啊？"

"可以算出来呀！"阿帅老师耐心地说，"我出来之前特意测量了自己的步长，我的步长大约是50厘米，用步长 × 步数，即 50×60，就能估测出西泠桥的长度了。请你们也记住自己的步数，回家测量一下自己的步长，再用步长 × 步数，求出结果，明天我们再交流一下，看看我们得到的结果是不是比较接近。"同学们都高兴地点点头。

同学们，如果小慧回家测得她的步长约为 30 厘米，你们能帮她算出西泠桥大约有多长吗?

点睛之笔

日常生活中，在不需要精确结果的时候，我们可以用身上的尺子进行估测。因为每个人的步长不一样，所以不能用步数作为最后的结果，应该用步长 × 步数求出结果。

认识钟表

北京

纽约

东京

13:00

悉尼

钟表知多少

阿帅老师到教室后，挥动了一下自己戴着表的左手。

小阳高兴地说："您今天要讲的知识一定和钟表有关！"

"你真聪明！今天我们就来聊一聊钟表。"阿帅老师摘下手表说，"你们都知道哪些关于钟表的知识呀？"

大虎兴奋地喊道，"钟表上有三根指针，又粗又短的叫时针，又细又长的叫秒针，还有一根叫……叫……"

同学们异口同声地说："叫什么？"

"还有一根叫分针。"阿帅老师说，"那你们知道，这些指针都是怎么走的吗？"

小慧站起来，边比划边说："所有的指针都按照这样的方向走，我们把它叫作顺时针方向。反方向的话，我们把它叫作逆时针方向"

"你们发现了吗？顺时针是指与时针转动方向一致的方向。时针之所以按这个方向转动，是因为古代日晷指针的影子就是按这个方向转动的。"

顺时针

古代日晷指针

"除了三根指针，钟面上还有什么？"阿帅老师继续问。

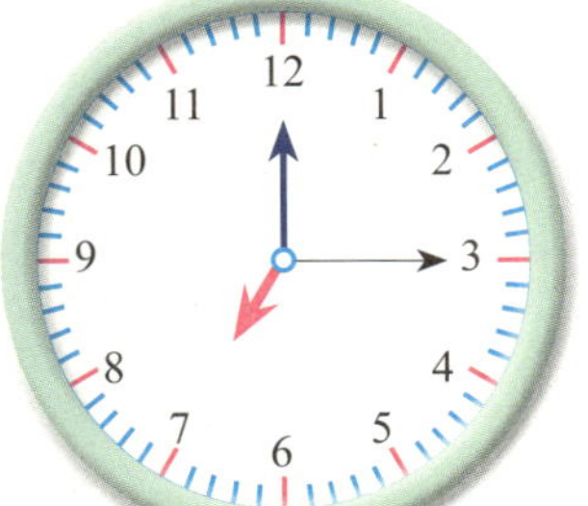

小阳举起手说："我知道，钟面上有 12 个数字、12 个大格和 60 个小格。"

"不对呀，一天不是有 24 个小时吗？为什么钟面上只有 12 个数字呢？”大虎有疑问。

“因为 24 小时分为白昼和黑夜，所以钟表上的数字只有 1 到 12。12 个大格的钟面看起来比较清爽，如果在钟面上标 24 个数字，反而难以辨认时间。”阿帅老师耐心地解释。

“原来是这样。”同学们恍然大悟。

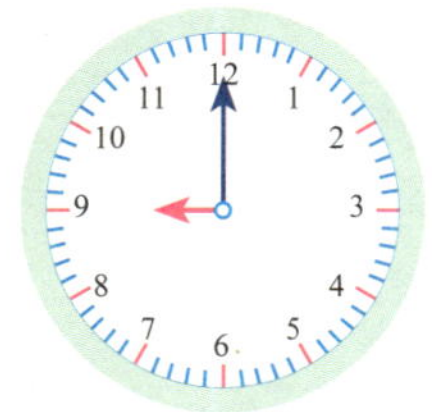

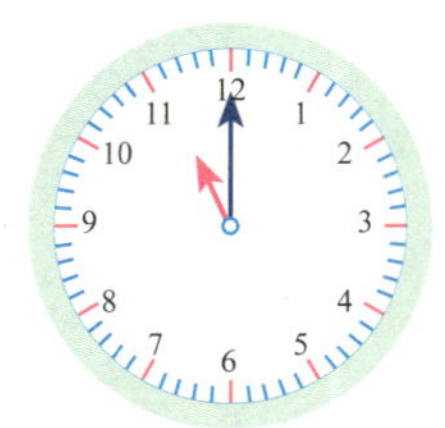

阿帅老师继续说：“我们不仅要认识钟面，还要会认读钟面上的时间。比如，现在时针指着 9，分针指着 12，说明现在的时间是 9 时。我们的午饭时间 11 时怎么表示呢？时针指着 11，分针指着 12。11 时……”

“我明白了，分针指着 12，就表示整时，此时我们只需要看时针指向几，就知道是几时啦。”小慧笑着总结道。

“你说得没错，如果要表示几时半，你们觉得分针应该指向数字几呢？”阿帅老师笑着问同学们。

小芳想了想说：“这个简单，因为表示半时，所以分针要指向 12 的一半，也就是数字 6。”

大虎好像也听明白了，赶忙接话：“对！如果表示 8 时半，分针就指向数字 6，时针指向数字 8。”

“不对，不对！”小阳有不同意见，“时针不是指向整数的，分针指向数字 6，表示 8 时已经过了一半，那么时针就应该指向数字 8 和数字 9 的正中间！”

“小阳说得没错，分针指向数字 6，时针指向数字 8 和 9 的正中间，表示的是 8 时半。”阿帅老师一锤定音。

大虎若有所思：“时针指向会根据分针指向的变化而变化……”

阿帅老师说：“我们来玩一个有趣的游戏，看看你们对时间的表示掌握得怎么样，游戏名称叫作‘我是小闹钟’。一个人表演钟表，右臂表示时针，左臂表示分针，让其他同学猜时间。”

“我先来！”小阳摆出了第一个“小闹钟”。

“9 时！”同学们异口同声地说。

大虎想了想，上台摆出了一个姿势。

“这是刚才大虎猜错的 8 时半，这回大虎可摆对了！”小芳笑着说，同学们都冲大虎竖起了大拇指。

小慧也跑上讲台摆了个姿势。

“这是 12 时！”小阳马上回答。

小慧笑着说：“不对，你再仔细看看。”

“你们看小慧的手臂，右臂表示时针，指向数字 12，可她的左臂表示的分针并没有精准地指向数字 12 哦！”大虎突然反应过来，“这个时间是多少呢？”

阿帅老师笑着解围说：“这是大约 12 时。小慧表示的是分针略微超过了数字 12，也可以叫作 12 时刚过。”

同学们若有所思地点点头，小芳问道：“那如果分针差一点儿不到数字 12，又应该叫作什么呢？”

“不到 12 时！”小慧笑着说。

“虽然刚过 12 时和不到 12 时都接近 12 时，但有时候分不清楚可是会误事的哦！”阿帅老师笑眯眯地说。

不知不觉，下课时间到了。原来，“9 时半”已经到了！

有趣的钟表学问

课间休息时间，大虎站在同学们中间，扬起左手，露出一块漂亮的手表，开心地说：“看，这是我妈妈给我买的生日礼物哦！”

小芳凑过去看：“哇，好漂亮的手表啊！”听着小芳的夸赞，大虎甭提有多开心了！

这时候，小阳打趣道：“小寿星，生日快乐！但你会看时间吗？”

大虎吐了吐舌头，憨憨地笑着说：“我现在不会，但是我天天看，一定能学会的。”

小慧看了一眼手表，拍了拍大虎的肩膀说道：“大虎，让我来帮帮你吧。现在时针指向 8，分针指向 12，所以现在手表上显示的是 8 点钟哦。”

这时，上课铃声响了起来。同学们回到自己的座位上，安安静静地坐好了。美美老师微笑着说：“今天我带来了一块钟表，你们观察一下这块钟表，看看有什么发现。”

同学们认真地观察起来，不一会儿，同学们都举起了小手。

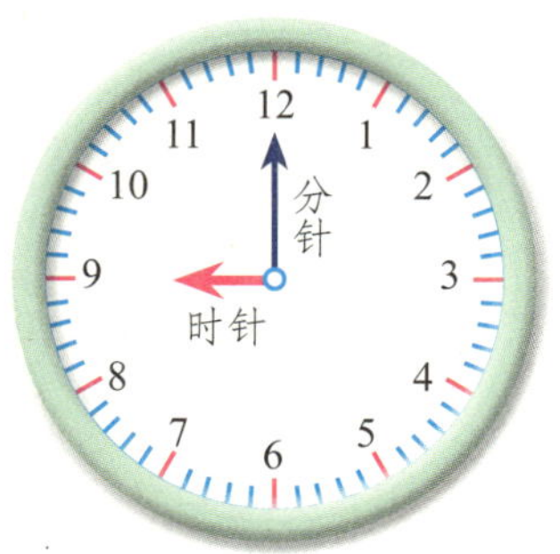

大虎第一个抢着说道：“老师，我发现钟面上有 12 个数字，还有时针和分针，但是，我还没有区别开时针和分针。”

“大虎是好学的孩子，谁能帮助一下他？”美美老师笑着说。

“我知道，短的是时针，长的是分针，大长腿嘛，跑得快！”小阳指着钟面说，一番话把同学们逗乐了。

“小阳真是一个爱观察的好孩子，而且把时针和分针说得又形象又好记，我们用掌声表扬一下他吧！”美美老师称赞道。

“老师，我要补充，每个钟表都有时针和分针，但有的钟表为了显示出更短的时间，会多装一根秒针，还有的钟表上会装一根定时针，钟表就有了闹钟的功能，每根针都有各自的作用。”小慧站起来说。

> **善思好问**
>
> 钟表上有几根针？为什么指针的长短不一样？为什么有的钟面上有2根针，有的有3根针呢？它们转动时有什么规律可循？

“看来小慧对时钟上每一根针的功能都了如指掌了，不愧是我们班的学习能手，你知道的知识可真多啊！”美美老师竖起大拇指夸奖小慧。同学们都情不自禁地鼓起掌来，一脸佩服地看着小慧。

美美老师继续问道：“你们知道时针和分针在钟面上是怎么转动的吗？”好学的小芳不甘示弱，马上用小手比划起来，美美老师向

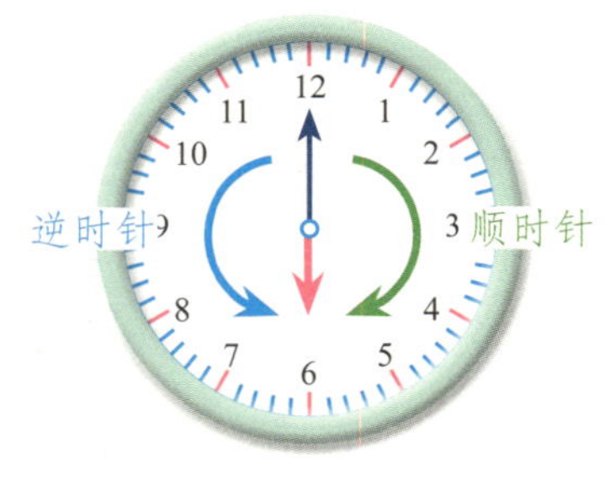

小芳投去肯定的眼神，其余的同学们也纷纷开始比划起来。

美美老师和同学们一起比划：“我们刚才比划的方向是顺时针方向，相反的方向就是逆时针方向，时针和分针就是沿着顺时针方向转动的。接下来老师要考考你们了，你们能说出大屏幕上这些钟面上的时间吗？”

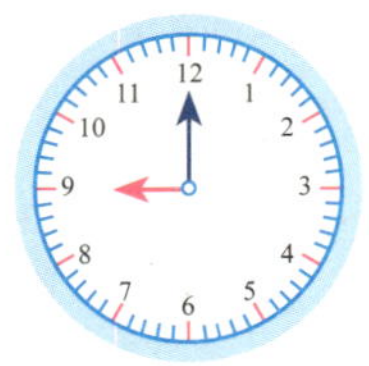

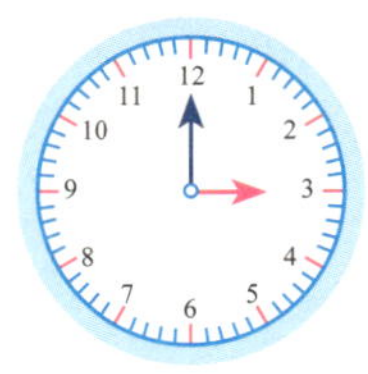

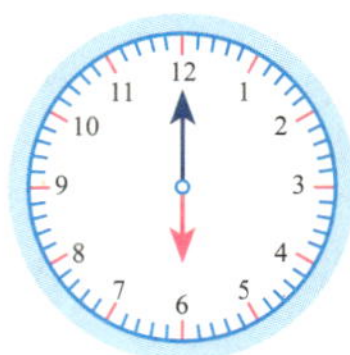

没想到，同学们没有被难住！他们异口同声回答道：“9 时、3 时和 6 时。”这时，大虎突然冒出一句：“这么简单啊，原来只要看时针指着几就是几时了。”

“不对，不对！还要看分针呢，分针要同时指向 12 才是几时整！”

大虎拍了拍脑袋说：“这下我真明白了，比如，第一个钟面上分针指向 12，时针指向 9，就是 9 时。”

美美老师听了同学们的发言，欣慰地说道：“同学们都是爱观察的好孩子。的确，在钟面上，当分针指向 12 的时候，时针指向几就是几时。如果是数字表，就更直观了。”

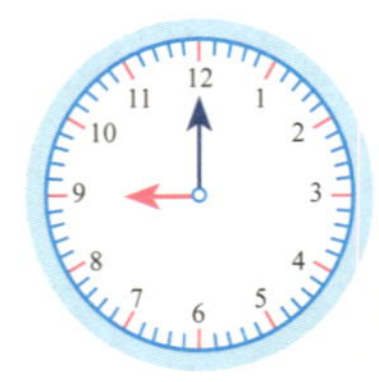

9 时

9:00

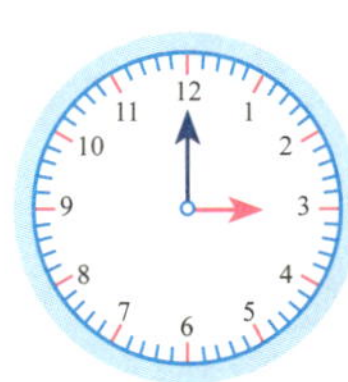

12 时

12:00

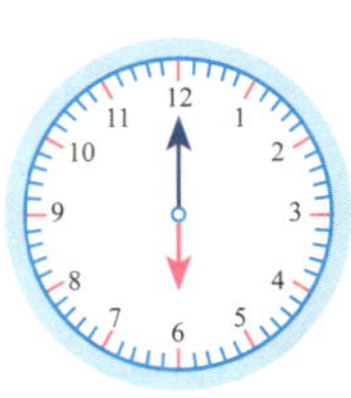

6 时

6:00

“同学们，现在我们可以通过手表、手机等计时工具来知道时间，但是你们知道古人是用什么来计时的吗？”

同学们面面相觑，谁也不知道。美美老师也不说答案。就在这时，

同学们看见阿帅老师从窗外经过，立马欢呼雀跃起来：“咱们的救兵来了！”

阿帅老师听到同学们的欢呼声，得意地往教室中间一站，说：“这个问题，你们可真是问对人了。”说着他拿出一张图说：“看，这是太阳钟，也就是日晷，它是钟表的鼻祖。聪明的古人根据日晷指针影子的变化规律来判断时间。”

“哇，太神奇了！”同学们都看呆了！

这时，美美老师说：“同学们，不知不觉间愉快的一节课快过去了，其实钟表里还有许多学问等着同学们去探索呢！时间对于我们每个人来说都是十分宝贵的，时针不停地转动，时间也就悄悄地溜走了，而且再也回不来了。所以，让我们惜时如金，争做时间的小主人吧！”

文化链接

日晷是我国古代普遍使用的计时仪器，如果没有太阳光，日晷就不起作用了。于是，人们利用水的流动性发明了漏刻，沙漏的发明又弥补了水会结冰这一缺点。

古人很有智慧，他们还发明了圭表、香钟等很多计时工具。

沙漏

漏刻

圭表

香钟

13
认识人民币

那些1元以内的人民币

美美老师介绍说:“货币在不同的国家有不同的名称，比如，美国的货币叫美元，日本的货币叫日元，英国的货币叫英镑等。”

“中国的货币叫人民币。”大虎抢着说。

“大虎，你知道的可真多！今天我们就来认识部分人民币。”说着，美美老师点开一张图片，“你们能说出这张人民币的面值吗？”

“小菜一碟！”大虎胸有成竹地说。

美美老师说:“既然大虎这么有信心，那么你来试一试吧！”

“1元，因为这里有数字1，还有汉字‘壹圆’，太简单了。”大虎大声说，同学们点头表示赞同。

美美老师竖起大拇指:“真是会观察的孩子！‘圆’是人民币单位‘元’的大写，平时我们一般写成‘元’，这张人民币的面值就是1元。”接着她又点开了一张1元硬币的图片。

美美老师随后又展示了几张图片:“这些硬币的面值是多少？”

“5角、1角、5分。”同学们齐声回答。

美美老师问:“从哪里看出这是5分呀？”

“因为‘伍’后面有个‘分’字呀！”小慧自信地回答。

“对，‘元’‘角’‘分’都是人民币的单位。”美美老师又展示了3张硬币图片并说道:“1元、1角、1分这三个硬币上为什么都有数字‘1’,可它们的面值却不一样呢？”

同学们陷入了沉思……小阳第一个发言：“它们虽然都有‘1’，可是单位却不同，所以面值不一样。”

小慧接着说：“我们看人民币的面值，最最重要的就是看数字和单位。”

美美老师问道：“除了数字和单位，人民币上还印着什么？”

“圆圆的章。”“人的头像。”“风景图案。”……

“人民币上还印着国徽、毛泽东头像和各地风景图。同学们要爱护人民币，不能在上面乱涂乱画，更不能随意损坏它。”同学们听了郑重地点点头。

美美老师给每个小组发了一个信封。“哇，人民币！”同学们拿到信封的同时，也收到了一个任务——给信封里的人民币分类。

小慧思维敏捷，想到了 3 种分类方法。

第一种是按单位分。

元

角

分

美美老师结合小慧的分法介绍："我们把以元为单位的人民币叫元币，把以角为单位的人民币叫角币，把以分为单位的人民币叫分币。"

第二种是按数字分。

1　　2　　5

第三种是按材料分，分成纸币和硬币两种。

纸币　　硬币

"元、角、分这3个单位，谁最大？谁最小？"美美老师接着问。

"元最大，分最小。"小阳轻松回应。

"在我们现在的生活中，已经很少用分币来付款了。一分钱虽少，但可以积少成多，我们要养成勤俭节约的好习惯。"美美老师语重心长地说。

美美老师又给同学们展示了第五套人民币中其他的几张。原来，今天大家学习的都是小面值的人民币，还有更大面值的……大虎盯着那几张大面值的人民币，他的小心思一下就被美美老师看透了。

文化链接

我国使用货币的历史源远流长。先秦时期用贝币；秦汉时期用刀币；明清时期用圆形方孔钱；民国时期用银元。

贝币

刀币

圆形方孔钱

银元

古代的交易

一个有趣的问题浮现在小阳的脑海里："现在我们去超市或市场购物，我们的祖先去哪里购物呢？"

第二天一早，小阳看见大虎和小慧，就和他们讨论起来。

大虎说："这还不简单，去超市不就行了吗？"

小慧说："不对，我看过一部这种题材的电影。在很久很久以前，没有超市，甚至都没有钱呢！"

小阳："啊！连钱都没有？如果家里没米了，该怎么办呢？"

这可真是个大难题啊！正在这时，阿帅老师来了。

"你们刚才说的话我都听到了。"阿帅老师笑着说，"既然你们这么感兴趣，我们一起讨论讨论吧！"

阿帅老师说："在很久以前，人们以种植和打猎为生。当时为了获得自己没有的物品，人们之间开始进行交易。因为那时人们还没有发明'钱'，所以只能以物换物。比如，家里有人生了病，可是没有药，这时就可以拿袋粮食去换药。想一想，如果小阳家里没米了，可以怎么做？"

小阳说："可以拿别的东西去换。"

阿帅老师说："对！我们模拟一下当时的购物场景。假如小阳拿1大捆柴去大虎家换了1袋米。那换3袋米需要多少捆柴？"

大虎说："嘿嘿，这个我知道，3大捆。"

阿帅老师说："同样的1袋米，小阳如果拿1小捆柴去换可以吗？"

小慧说："不可以，这不公平！"

阿帅老师说："是的，价值相等才能交换。假如3小捆柴能换1袋米。那换3袋米需要多少小捆的柴呢？"

小阳说："我知道，9小捆。"

大虎说："9小捆？为什么呀？"

小阳说："1袋米要3小捆柴，2袋米就要2个3小捆柴，3袋米就是3个3小捆柴，3+3+3=9，所以一共要9小捆柴。"

阿帅老师说："没错，就是9小捆柴。小阳真棒！那这次交易你

成功地换回了 3 袋米，怎么样？是不是觉得特别有成就感？”

“嘿嘿。”得到阿帅老师的表扬，小阳害羞地挠了挠头。

阿帅老师说：“如果小阳家的斧子坏了，需要一把新的，他要怎么办？”

大虎说：“那就继续换呗！”

阿帅老师说：“好，小阳先去找大虎，大虎却告诉小阳，换斧子得去小慧家，因为只有小慧家有多余的斧子。并且大虎透露给小阳一个很重要的信息，上次他用 2 袋米换了 1 把斧子。想一想，如果 1 袋米值 3 小捆柴，1 把斧子值 2 袋米，那么 1 把斧子值多少小捆柴呢？”

小慧说：“6 小捆。既然 1 把斧子值 2 袋米，1 袋米值 3 小捆柴，所以 1 把斧子便值 3+3=6 小捆柴。”

大虎说：“我有点儿迷糊。”

阿帅老师笑道：“哈哈，大虎，你这就晕了？你再想象一下，假如把这种以物换物的方法用到现在的超市购物中去，行不行？”

“天啊，这下真的要晕了！太麻烦了！”大虎拍着脑袋，惊恐地说。

阿帅老师哈哈大笑：“好吧，那我们回来继续换斧子。小阳扛着6小捆柴去了小慧家，你们觉得小阳一定能换到斧子吗？”

大虎说：“当然啦！刚才不是说了1把斧子值6小捆柴吗？”

阿帅老师说：“是的，价值相等就能换。”

小慧说：“不一定吧，万一我们家不需要那么多柴呢？我爱吃肉，拿肉来换，哈哈！”说完，小慧调皮地吐了吐舌头。

小阳说：“那我就只能先去换肉，然后再来换斧子。可是我也不一定就能换到肉，可能还得先去换别的。”

大虎说：“那得换到什么时候啊？”

阿帅老师说：“是啊，这样交换很麻烦，而且在交易中总有人觉得自己吃了亏，凭什么你的1把斧子能换我的1块肉？我这块肉这么大，换了我吃亏了。时间长了，以物换物就显得越来越不合适了，于是人们便开始寻找解决问题的办法，货币就应运而生了。”

小慧说：“我明白了！有了货币之后，这些问题便迎刃而解了。自家多余的物品换成货币，再用货币去换自己需要的物品就可以了！这样就省掉了换来换去的许多麻烦。”

阿帅老师说：“对！货币其实就是一种特殊的商品，它是一般等价物，用它可以换取你需要的物品。不过，在古代，货币不像我们现在使用的人民币，当初，人们选择什么来作为货币呢？货币的发展又经历了怎样漫长的过程呢？这些问题就留给你们自己去探索了。”

评评有理

在交换物品的过程中，找到一个中间的替换物，比如货币，就方便多了。

14
位置和顺序

怎么会撞在一起

课间活动时间，走廊上闹哄哄的，似乎有同学闹别扭了。阿帅老师走过去一看，只见小阳和大虎两人坐在地上，一个人捂着肚子，一个人揉着脑袋。“这是怎么了？”阿帅老师关切地问。

“都是小阳不好，他撞了我的肚子，哎哟……”大虎气呼呼地说，还不忘捂着肚子喊疼。

小阳也很委屈：“让你靠左边走，靠左边走，你怎么还往右边来，害得我的头撞到了墙上！”小阳又气愤又委屈。

“我听你的，往左边了呀，我走的就是左边！”大虎也生气了。“是右边，你左右都不分！”小阳大声说。

他俩这么一闹腾，围观的同学们都晕乎了，这到底怎么回事呀？阿帅老师笑道：“你俩都是小迷糊！”听阿帅老师这么一说，同学们都一脸茫然，小阳和大虎也满脸错愕。

“来，同学们都跟我回教室，今天的数学课上咱们就给他俩评评理。”阿帅老师说完，笑呵呵地走进教室。

“刚才小阳和大虎一直在争论左和右的问题。”阿帅老师不紧不慢地说，“谁知道左和右，可以举个例子来说一说。”

小芳高高地举起她的右手，说：“我举起的是右手，这边就是右边，我用右手写字。另一只手就是左手。”

小慧接着说：“我们不仅有左手、右手，还有左脚、右脚，左耳、右耳，左眼、右眼。”

“看来同学们都知道左右，那我们来做个游戏怎么样？”听阿帅老师这么一说，同学们一阵激动。“我说你们做，看谁不出错。”

阿帅老师准备发号施令，“摸摸你的左耳，摸摸你的右耳；拍拍你的左肩，拍拍你的右肩；抬抬你的左腿，抬抬你的右腿。”阿帅老师喊得很有节奏，同学们听着指令做着动作，欢乐极了。

“同学们都做得非常好，没有人出错。这样吧，我请大虎上台带着我们一起做。”大虎在阿帅老师的邀请下，走上讲台，面向同学们站着，此时的他早已忘了课间的事情。阿帅老师依旧有节奏地喊指令：“摸摸你的左耳，摸摸你的右耳；拍拍你的左肩，拍拍你的右肩；抬抬你的左腿，抬抬你的右腿。”不知怎么了，结束后，台上的大虎脸涨得通红，眼泪都快掉下来了。没上讲台前，他和同学们做得一样，可一上台，怎么全反了？他太难为情了，恨不得找个地洞钻进去。可同时他也很纳闷，明明自己没有错呀，为什么和同学们做得不一样呢？

“阿帅老师，大虎果然左右不分，全做错啦！”台下有同学大声说。“大虎真的错了吗？”阿帅老师反问同学们。同学们陷入了沉思，到底大虎有没有做错呢？

善思好问

大虎怎么会和同学们做得不一样呢？问题出在哪里呢？

小阳突然喊道：“大虎没有做错！”听到这话，站在讲台上尴尬不已的大虎像找到了救星一样。刚才还跟他争执不休的小阳，这次却站在了他这边。大虎的内心很纠结，他既为课间时小阳与自己发生争执感到生气，又因小阳“拯救”自己对他充满感激。

小阳接着说：“同学们不妨照着我说的做一做。请同学们举起左手，大虎，你也举起左手。”同学们都照着小阳的话做了，尴尬的场面又出现了，大虎和同学们做得还是不一样。“大虎，举直你的左手，然后转身。”大虎按照小阳说的转了个身，这时，他和同学们举得一样了。

“刚才大虎和我们面对面站着，我们与大虎的方向相反。他的左边就是我们的右边，他的右边就是我们的左边。”小阳一本正经地说。

同学们恍然大悟，纷纷与同桌面对面做了几个动作，果然如小阳说的那样。阿帅老师满意地点点头说：“确实是这样，当我们和别人面对面站着的时候，我们与别人的左右方向是相反的。这就是为什么刚才大虎的动作是对的，却与其他同学的动作不同。”同学们都点点头。阿帅老师摸了摸大虎的头，接着说：“所以，大虎刚才并没有做错。课间大虎和小阳争执的事情也是同一个道理！”

听阿帅老师说完，同学们都明白了。小阳也知道了原来刚才大虎和他之所以会撞上，是因为他让大虎往左边走，大虎和他正好面对面，他认为的左边其实是大虎的右边，所以，大虎并没有走错。

“大虎，对不起，刚才我冤枉你了，我不应该生你的气，我应该站在你的角度考虑问题，考虑方向。”小阳向大虎道歉。

大虎憨憨一笑说：“我也不对。”

生活中要学会换位思考，你的“左边”可能是别人的“右边”，我们要懂得礼让。

阿帅老师说：“是呀，你俩都没有错，可你俩也都错了。我们应该多站在别人的角度考虑问题才行。”同学们都点点头，这节数学课上，大家不仅认识了左右，还懂得了与人相处的道理。

阿帅老师接着说：“那么，除了左右这两个位置，还有其他我们经常用来描述位置的词吗？”

小慧第一个举手抢答：“前后、上下。”

“请同学们用前后、上下来描述一下你身边的事物吧。”阿帅老师又布置了活动。同学们立刻三三两两地交流起来：“我的前面坐着……我的后面坐着……”“我把语文书放在了数学书的下面，把文具盒放在了数学书的上面……”

游戏中的位置和顺序

“你怎么想起来带这群孩子去操场撒欢儿了？”美美老师问阿帅老师。

“这不是刚上了一节数学课嘛，我准备让他们玩玩游戏放松一下。”说完，阿帅老师忍不住笑出了声，好像有什么趣事要发生。

一会儿的工夫，同学们都已经跑到操场上了。“老师，老师，咱们做什么游戏呀？”大虎迫不及待地问。

“我们来玩老鹰捉小鸡的游戏吧！”阿帅老师话音刚落，同学们就行动起来了。“不着急，今天这游戏可没那么容易，你们要根据老师的描述找到自己的位置哦。”阿帅老师提高嗓门说。

"我来当老鹰，美美老师当母鸡，你们呢，全都是小鸡。"阿帅老师清了清嗓子，继续说，"小芳，请你站到美美老师的后面。"小芳乖乖找到了自己的位置。小阳，你站在小慧的前面。小慧，你站在小美的前面。"小阳和小慧很快找到了自己的位置，现在只剩下大虎了。

"阿帅老师，我的位置在哪里呀？在哪里呀？"大虎着急了。

"大虎，不要着急嘛！"阿帅老师笑笑，不紧不慢地说，"你呀，去小阳的后面，小美的前面，你的前面是小慧。"大虎刚听完前半句，就兴冲冲地去找位置了，可还没等他跑进队伍，他就停了下来。"后面，前面，前面……"大虎一边念叨，一边抓耳挠腮。完了，他已经完全晕乎了，自己到底应该站在哪里呢？

> **评评有理**
>
> 本来阿帅老师只要说大虎在谁的前面和在谁的后面，大虎就能找到位置了，偏偏还多一个"前面"，看来阿帅老师是在故意"逗"大虎呢。

你能帮帮大虎，给同学们排一排队，帮大虎找到位置吗？

同学们都靠右，左边谁去走

"阿帅老师，我有一个问题想请教您，这个问题我想了很久，都没有想出来所以然。您快帮帮我吧。"大虎挠着脑袋说。

阿帅老师说："说吧，什么问题呀？看把你急的。"

"我们学习了左边和右边之后，在生活中，我就特别留意这方面的问题。我发现学校楼梯口贴着'靠右行走'，我就纳闷了，同学们都靠右边走的话，那左边还有人走吗？谁去走左边的楼梯呢？这不是浪费资源吗？”大虎一股脑地把自己的疑问说了出来。

小芳和小阳也忍不住点点头说：“是啊，好像有道理哦。”

小慧听了，“扑哧”一声笑了。同学们都好奇地看向她。

阿帅老师也看向小慧问：“你不赞同大虎的说法？”

“不赞同。”小慧说。

“你能把你的想法说给同学们听听吗？”

“我不知道我说的同学们能不能听明白，我先试一试。”小慧腼腆地说，“同学们，我们先来做一个游戏吧。”

善思好问

同学们都靠右行走，左边不就没人走了吗？你怎么来解释这种现象呢？

小慧说：“我要请两位同学到讲台上面对面站着，听我指令做动作。谁愿意来当我的小模特？”

“我来。”大虎高高地举起手，小芳也举起手。

“行，那就请大虎和小芳上来吧。”

大虎和小芳走上讲台面对面地站着。

“其他同学要当小法官，判断他们的动作做得对不对。”小慧指挥着。她对大虎和小芳说：“请举右手。”

小芳和大虎迅速举起了自己的右手。

“小法官们，请判断一下，他们举对了吗？”小慧问道。小法官们点点头。

“那请你们观察一下他们举起的手有什么特点呢？我们再来做一个动作。”小慧又说，“大虎，小芳，请放下你们的右手。现在，请你们举起你们的左手。”

大虎和小芳立马听从指令动起来。小法官们目不转睛地观察着，思考着。

“你们有什么发现呢？”小慧期待地看着同学们。

“我知道了，他们都举起右手时，右手的方向是不同的，举左手也是一样的。”小阳激动地说。

“善于观察的人才能发现事情的真相，这是大侦探福尔摩斯说的，要透过现象看本质，小阳，不错哟，你有当侦探的潜质！”阿帅老师眯着眼看着小阳，小阳不好意思地笑了：“因为大虎和小芳面对面站着，方向相反，所以他们举起的右手的方向也是相反的。”

“现在，我再请小芳和大虎面对面地站在课桌的一前一后，我在课桌上摆一些物品。”小慧一边说，一边在桌上放了一些物品，有铅笔、橡皮、尺子、文具盒、铅笔刀和笔记本。

“请你们把最右边的物品拿起来。”小慧话音刚落，小芳拿起了铅笔，大虎拿起了笔记本。

“小法官们，物品在他们面前摆着，相同的要求，他们却拿了不同的物品，请判断，他们拿对了吗？为什么？”

“他俩都拿对了，和刚才一样，他们面对面站着，方向相反，

所以各自最右边的物品不同，他们都拿对了。”

“大虎，小芳，你们明白这个道理了吗？”小慧问。

大虎和小芳点点头。大虎却小声地说了一句：“我明白这个的道理了，但这和上、下楼梯靠右行走有什么关系呢？楼梯左边到底有没有人走呢？”

“我来告诉你吧。”小芳说，“上、下楼梯的人面对面，每个人上楼或者下楼的时候，都靠着自己的右边走。这样在楼梯上行走时，就可以避免发生事故。”

大虎似懂非懂地点点头，阿帅老师看见他一知半解的样子说：“现在我们来模拟一下走楼梯。我们把教室里这条过道看作楼梯，男同学站到后面去，准备上楼梯；女同学站到讲台上，准备下楼梯。要求大家靠右行走，在行走的过程中，请注意观察你的左边有没有人。行动起来吧。”

同学们迅速找到自己的位置，开始模拟走楼梯。“哦……”大虎恍然大悟，“我明白了，真明白了。上、下楼梯的人面向的方向不同，上楼时我走我的右边，我的左边就是女同学的右边，她们就走了我的左边，所以我的左边有人！没浪费资源！我知道了，我们平时在路上行走时，也应该靠右走，按次序，讲规则。”

左右是相对的，上楼的人的右边，就是下楼的人的左边，这样楼梯两边就都有人走了，而且两边的人不会面对面撞在一起。

“大虎说得很好。大虎善于发现问题，而且不懂就问，这是好事，同学们都应该向大虎学习。”阿帅老师大声地表扬了大虎，大虎都有点儿不好意思了。

文化链接

在中国一般靠右边开车和走路，但是，在有的国家却是靠左边开车和走路，比如，英国。只要约定好即可。

15
分类

神奇的魔法棒

“同学们好！今天我们开展‘最美房间’评选活动……”

最可怕的事情要发生了，美美老师宣布活动开始了，接下来，大虎就会和妈妈视频。想到这里，大虎恨不得给自己装上一对翅膀，飞回家把房间整理得干干净净的，可一切都来不及了呀。

“这是小芳的房间，同学们觉得怎么样呢？”美美老师问。

“老师，我觉得小芳的房间整理得很好，书本、玩具、衣服都放在架子上，非常整洁美观。”小慧回答道。

“接下来到大虎了，我们一起走进他的房间吧。”美美老师轻声说。“Oh，no!”大虎双手捂着眼睛，不敢睁开看。

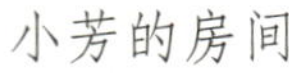

小芳的房间

大虎的房间

“啊！我看见了什么？大虎的房间怎么是这个样子的呢？竟然比我的房间还乱。”看到大虎的房间，小阳忍不住笑得前仰后合。

美美老师也没有预料到大虎的房间会是这个样子，她皱着眉头，疑惑地看了看大虎，又严肃地看了一眼小阳，仿佛在问大虎早上起来为什么没有整理房间，又仿佛在责备小阳不能这样肆无忌惮地嘲笑同学。果然，教室里很快便安静下来了。

“今天，我们一起来帮助大虎整理房间，在帮助大虎的过程中，我们一起学习整理的方法，好吗？”美美老师不仅人美，说的话更美。

“我对比了小芳和大虎的房间，发现小芳的房间整洁美观，大虎的房间有点儿乱。如果他们想找数学书，谁会先找到呢？为什么？”美美老师问同学们。

“小芳会先找到！”同学们异口同声地回答道。

“你们真是会观察、爱思考的孩子！小芳的房间整理得好，找起东西来会很方便。那她究竟是怎么整理的呢？这里面有什么数学奥秘呢？请同学们观察小芳的房间，然后交流一下，同桌之间说一说，比比谁的想法多。”美美老师笑吟吟地布置了任务。同学们马上你一言我一语地讨论开了。

“同学们，现在，我们就按照柜子的最高层、中间层、最底层这样的顺序，说一说柜子每一层上放的是什么，为什么这样放。小阳手举得最高，坐姿最端正，那就请小阳先来说吧。”在同学们羡慕的目光中小阳站了起来。

“我通过和同桌讨论，发现小芳整理房间时最高层放玩具，中间层放书，最下层放衣服。”小阳声音洪亮地说。

“小阳真棒！通过他的分析，我们发现了小芳整理房间的秘诀，那就是她把有共同特点的物品放在一起，把它们分为一类。”

“分类就像一个神奇的魔法棒，它会使我们的生活非常有条理！

现在请同学们赶紧拿起分类魔法棒帮大虎整理房间吧。”美美老师说。

同学们马上行动起来了！“请看，这就是同学们的成果，大虎，你觉得怎么样呢？”小阳调皮地歪着头问大虎。“不错不错，真不错，同学们的分类魔法棒太厉害啦！好整齐呀，我都快不认识我的房间了，嘿嘿！”大虎乐得合不拢嘴。

点睛之笔

在数学学习中，把具有共同特点的物品放在一起，就是对物品进行分类，它在生活中很有用，在数学学习中也非常有用。

“同学们，你们用分类魔法棒帮大虎整理好了房间，看来分类真的很神奇，老师给你们点赞！

1. 认一认：大虎的房间里都有哪些物品？
2. 分一分：我们把__________放在一起，因为它们都能__________。
3. 查一查：不能有遗漏。

趣味链接

我们都知道垃圾一般可分为四大类：可回收物、厨余垃圾、有害垃圾和其他垃圾。可回收物是指适宜回收利用和资源化利用的生活废弃物，比如，旧书本、饮料瓶、旧衣服等。厨余垃圾是指居民日常生活及食品加工、饮食服务、单位供餐等活动中产生的垃圾，比如，剩饭、果皮、蔬菜等。有害垃圾是指对人体健康或自然环境造成直接或潜在危害的废弃物，比如，废电池、过期的药品等。其他垃圾是指危害较小但无再次利用价值的垃圾，比如，用过的卫生纸、坚硬的果壳、破碎的盘子、尘土等。

不是一伙的

课间操结束啦，同学们回到教室里。

“今天，我带来了一堆图形宝宝！”说着，美美老师从教具盒里拿出一些磁性图形块贴到了黑板上。

“这些图形中，有的图形和其他图形不一样，你们看到了吗？”美美老师指着黑板上的图形问道。

“我知道！”大虎一边将手高高举起一边说。

“那就请你先来说！”美美老师示意大虎回答。

“第二行第二个，黄色的圆和其他图形不一样！”

“我不同意大虎的说法，我觉得第三行倒数第二个三角形和其他图形不一样！”小慧说。

用不同的标准，找出了不一样的图形。只要理由充分，每种分类方法都是正确的。

“两位同学都说了自己的想法，说得很好！大虎从颜色的角度找出黄色的圆和其他的图形‘不是一伙的’，小慧从形状的角度找出三角形和其余的圆‘不是一伙的’。两种不同的标准，得到了不同的结果。”

美美老师接着在黑板上写了一些数:1、2、3、4、5、6、7、10。“这8个数，哪个数和其他的数‘不是一伙的’？小慧，你能说说吗？”美美老师走到小慧跟前问道。

“我觉得10和其他的数‘不是一伙的’！因为它是由两个数字宝宝组成的两位数，而且，它并不是像1、2、3、4这样一个数一个数地紧紧地挨着排的，它与前面的7中间少了两个数字宝宝。”小慧怯生生地回答。

“你说得很全面！既考虑了位数，还考虑了数的排列！”美美老师冲小慧竖起了大拇指。

美美老师在黑板上写下“不是一伙的”几个大字，说：“这就是今天我们要聊的话题。谁能举个例子来介绍一下‘不是一伙的’？”

“小轿车、公共汽车、工程车、消防车和自行车，自行车和其他的车‘不是一伙的’，因为它不用汽油就可以开动！”小阳第一个举手分享了自己的想法。

“自行车也叫非机动车，就是不需要机器来提供动力，用脚踩便能走。”小慧补充。

接下来轮到小芳分享了，她想了想说：“学校的花园里种有牵牛花、月季、梅花、桃花、玫瑰，牵牛花和其他的花‘不是一伙的’！”

“我也觉得牵牛花和其他的花‘不是一伙的’，因为只有它的名字是三个字的。”大虎抢着回答。美美老师转向小芳说：“你是这样分的吗？”“美美老师，我不是因为牵牛花的名字而选的它。我看过一本《植物百科全书》，书中介绍说月季、梅花、桃花、玫瑰都属于蔷薇科，而牵牛花属于旋花科。”

美美老师赞许地点点头，然后打开投影仪：“同学们找的例子都很好。同学们既能清楚分类，还能说出分类的理由。我这里有两组图片，请同学们找一找谁是那个特殊的伙伴！”

第一组：

第二组：

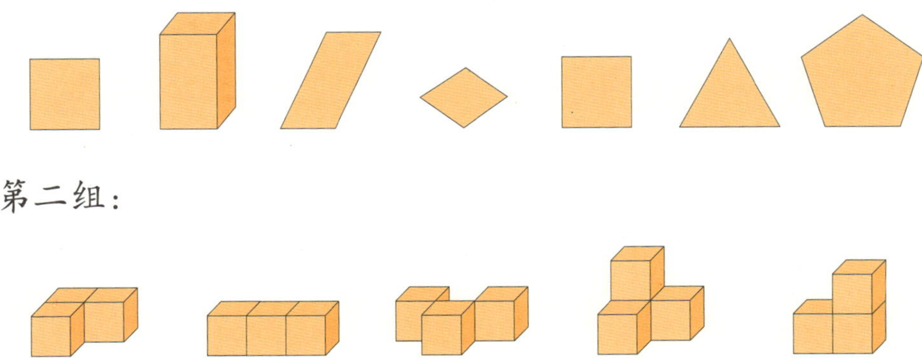

“请同学们先独立思考，想好了以后小组之间交流。稍后，请两位‘小老师’把结果分享给同学们。”

5 分钟后，美美老师选择了大虎和小慧担任小老师。

大虎说：“第一组中长方体和其他图形‘不是一伙的’。因为长方体是立体图形，其他的图形都是平面图形。”大虎介绍。

小慧接着大虎的话说:“第二组的图形都是由小正方体拼成的立体图形，看上去没有特殊的朋友。但是，我仔细数了数拼成它们的小正方体的数量，发现第四个立体图形有些不一样，它是由4个小正方体拼成的。其他的立体图形都是由3个小正方体拼成的。”

美美老师配合小慧的解说，拿出4个小正方体拼出了第四个立体图形。

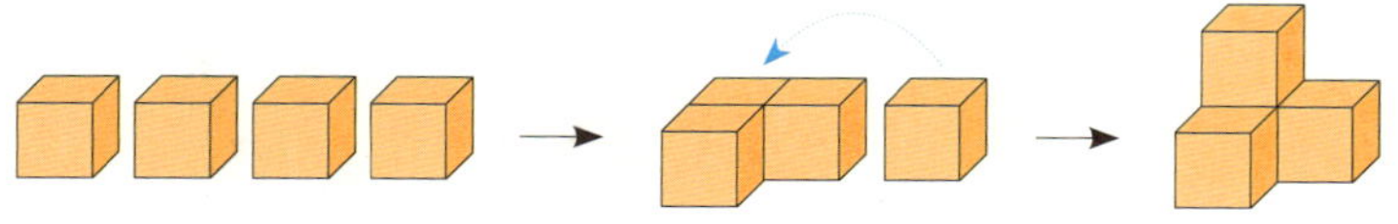

美美老师说:“大虎和小慧说得完全正确。这节课，我们就先上到这里，下课！”

趣味链接

1、2、4、6这四个数字，你认为哪个数字和其他数字‘不是一伙的’？为什么？快与小伙伴们交流一下吧，也许你会听到不同的答案和理由。

爱整齐的架子

今天，大虎与往常有些不同，下课后他没有欢天喜地地到处跑，而是站在走廊上发呆。阿帅老师、小阳和小芳走近他的时候，他都没有发现。

小阳和大虎打了声招呼:“大虎，想什么呢？”

大虎回过神来，用手指了一下前面，大家这才发现走廊上的书架也和往常不同了。

“谁把书架弄得这么乱？”小芳有点儿生气地说。

“是啊，我看书架都有些不高兴了！”大虎的想象力一如既往的丰富。

小阳提议道：“是的，书这么乱，书架一定很难受。要不，我们整理一下吧！让书架开心起来！”

这个提议马上得到了同学们的热烈回应，小慧不知道从哪里跑来，也加入了进来。

“好吧，我们把书架上的书都先拿下来，整理整齐了再放回去。”大虎想到什么就说什么。

小慧说：“这样整理书是齐了，但是想找书的时候会比较麻烦，过不了多久，书架又乱了！”

“我们把书分分类吧，你们有什么想法都可以说出来！看看哪种分类法最好。”小阳不慌不忙地说道。

“大家先集思广益，然后确定分类标准。”阿帅老师肯定了小阳的说法。

“依我看，就按照颜色来分吧！”大虎最有想法了，“或者按形状来分也不错啊！”大虎一口气说了两种分类方法。

“嗯，想法挺好，颜色一样的放在一起，或形状一样的放在一起，这样摆应该挺整齐的。”小阳似乎同意了大虎的说法，但他马上又说，“借书的时候可不会按书本的颜色和形状来借啊，我们是按书的名字或类型来借书的。”

“小阳说得有道理！”小慧接着说，“我们就把相同类型的书放

按颜色分类

按形状分类

按类型分类

书的分类标准很多，可以按颜色分，按形状分，还可以按类型分，你觉得哪个分类标准最好呢？

在一起吧，一种类型的书放一格，这样整理好了，找书就方便了！”

“这个想法好，不但把书归好类了，借阅也方便了，还书的时候不容易把书弄乱了。”阿帅老师表示赞同。

确定了分类方法，同学们就忙开了。学习辅导类图书放一格，科普类图书放一格，文学类图书放一格，工具类图书放一格……经过同学们的努力，刚才那个乱糟糟的书架变身成功了！

看着书架上的书摆放得整整齐齐的，大虎开心极了，他说：“把相同类型的书放在一起，这个想法真是太棒了！”

看着同学们开心的笑脸，阿帅老师问道：“生活里还有其他爱整齐的架子吗？”

小芳最先说：“超市里的货架。”

小阳想到了鞋架。

大虎想到了和妈妈去菜市场买菜时看到的菜架。